听新闻
轻松解读日本文化

冯明舒 李 晶 刘泽军 编著

朱鹏霄 审订

南开大学出版社
天 津

图书在版编目(CIP)数据

听新闻轻松解读日本文化 / 冯明舒,李晶,刘泽军编著. 一天津:南开大学出版社,2013.10
ISBN 978-7-310-04315-6

Ⅰ.①听… Ⅱ.①冯…②李…③刘… Ⅲ.①日语－听说教学－自学参考资料 Ⅳ.①H369.9

中国版本图书馆 CIP 数据核字(2013)第 225584 号

版权所有　侵权必究

南开大学出版社出版发行
出版人:孙克强
地址:天津市南开区卫津路94号　　邮政编码:300071
营销部电话:(022)23508339　23500755
营销部传真:(022)23508542　邮购部电话:(022)23502200

*

河北昌黎太阳红彩色印刷有限责任公司印刷
全国各地新华书店经销

*

2013 年 10 月第 1 版　　2013 年 10 月第 1 次印刷
260×185 毫米　16 开本　17.75 印张　340 千字
定价:40.00元

如遇图书印装质量问题,请与本社营销部联系调换,电话:(022)23507125

序

据日本国际交流基金最新统计，中国的日语学习者已超百万，位居世界第一。高等本科院校的外语专业中，日语专业也仅次于英语专业，开设学校达到近500所。尽管由于中日关系等因素的影响，日语学习者的人数会发生一些变化，但是作为第二大外语的定位不会变化。因而，如何适应新时代日语学习者的要求，编写出适应时代需求的教材是摆在中国日语教育者面前的重要课题。由冯明舒等老师编写的这部新颖的教材是这方面的重要尝试。该教材一反我国日语教材目前大多以单词、语法为纲，注重读、写能力的风格，力求听、说能力的提高，特别是在促使日语成为交流工具，培养社会实际需求的日语人才方面进行了大胆突破。

该教材选取2013年日本电视播出的最新新闻，并配合介绍相关文化知识，将提高日语听力水平和学习日本文化相结合，对日语学习者了解日本国内最新情况，认识理解日本社会文化，促进日语听说水平和交际沟通能力会起到积极的促进作用。

该教材以中级水平日语学习者为使用对象，通过一年的学习，可以使学习者提高日语听说水平，进一步了解日本社会文化，为顺利通过全国高等院校日语专业八级考试和日语能力一级考试做好各方面准备，以适应信息化社会和经济发展对日语人才的需求。

教材编写以天津外国语大学日语学院教师为主，执笔者都是教学经验丰富的教师和教学骨干，是集体科研和教学智慧的结晶。

希望各位专家和日语学习者提出宝贵意见，以便不断修订完善，使该教材能够更好地为日语专业的教学一线服务，更好地为日语专业人才的培养服务。

教育部外国语言文学类专业教学指导委员会
日语分委员会主任委员　修刚
2013年8月

前 言

目前在国内，日语学习者越来越多，或是出于对日本文化感兴趣，或是出于就业和工作的需要。但诸多初级日语学习者过多偏重单词和语法，却忽略了语言本身所涵盖的社会文化，忽略了语言作为交际的初衷。如想改变此现状，需要提高以听说作为重要载体的交际能力，更多地了解和认识日本社会文化。

本书最大特色是将学习日本社会文化和提高日语听力水平相结合，分为日本文化、日本社会、日本传统技艺与运动、日本料理、日本学校和其他方面六个单元，共涵盖 40 个专题，同时每个专题又分成三部分：第一部分是文化知识点讲解，第二部分是相关新闻听力练习，第三部分是文化知识点补充扩展。书中选取的新闻均为 2013 年日本电视播出的最新新闻，新闻不同于动画片、日剧和电影，新闻报道用词规范，表达贴切，主播日语发音标准，不但非常适合作为听力练习资料，还能对日语学习者学习标准的日语起到积极的促进作用。

认识理解日本社会文化可以培养日语学习者学习日语的兴趣，提高学习日语积极性，进而促进日语听说水平和与人交流沟通的能力。最新新闻不但可以提高日语听力水平，还可以使日语学习者及时了解日本动态，掌握第一手的日本资料，了解日本国内最新情况，对日本的政治、经济、社会、文化、教育、体育等诸多方面都能够有更深入的理解。

在本书的编写过程中，天津外国语大学朱鹏霄教授负责全书审订工作，天津外国语大学冯明舒老师负责全书的设计、选题、编著、校对以及音频文件录制、整理等工作，天津财经大学李晶老师负责每个专题一、三部分的日文翻译以及第二部分 1、2 题的出题工作，天津外国语大学刘泽军老师负责前期规划、后期校对以及音频文件校对工作，天津外国语大学外教高桥智子老师参与音频文件的录音工作。

本教材的出版获得南开大学出版社的大力支持，在此一并表示衷心感谢。

学习与研究没有止境，我们努力做到更好，但是远远没有达到最好，衷心希望广大专家、读者批评指正。

冯明舒

2013 年 8 月

目 次

一、日本文化 ·· 1

話題 1　富士山 ·· 3
話題 2　さくら ·· 7
話題 3　温泉 ··· 11
話題 4　神社 ··· 15
話題 5　祭り ··· 19
話題 6　子供の日とひな祭り ·· 23
話題 7　お守り ·· 27

二、日本社会 ·· 31

話題 8　地震 ··· 33
話題 9　原発事故 ··· 37
話題 10　日米関係 ··· 41
話題 11　選挙 ··· 45
話題 12　介護 ··· 49
話題 13　春闘 ··· 52
話題 14　寿命 ··· 56
話題 15　自殺 ··· 59
話題 16　いじめ ·· 63
話題 17　痴漢 ··· 67

三、スポーツと伝統芸能 ·· 71

話題 18　歌舞伎 ·· 73
話題 19　茶道 ··· 77
話題 20　花道 ··· 81

話題21　剣道 85
話題22　すもう 89
話題23　野球 93

四、日本料理 97

話題24　日本料理 99
話題25　日本酒 103
話題26　みそ 107
話題27　駅弁 111

五、日本の大学 115

話題28　大学入試 117
話題29　東京大学 122
話題30　日本の大学生 126
話題31　日本留学 129
話題32　ボランティア 133

六、そのほかに 137

話題33　東京と大阪 139
話題34　東大寺 143
話題35　中華街 147
話題36　ごみ分別 151
話題37　JR 155
話題38　雪害 159
話題39　インフルエンザ 163
話題40　花粉症 166

答　え 169

一、日本文化

日本文化

話題 1

富士山

一、聞く前に

■ 富士山の基本データ

富士山は、静岡県と山梨県に跨る活火山である。

標高 3,776 m の日本最高峰であるとともに、日本三名山（三霊山）、日本百名山、日本の地質百選に選定されている。また、1936 年（昭和 11 年）富士箱根伊豆国立公園に指定されている。1952 年（昭和 27 年）に特別名勝に指定され、2011 年（平成 23 年）には史跡、さらに 2013 年（平成 25 年）6 月には世界文化遺産に登録された。

■ 活火山としての富士山について

富士山は、今でも噴火する可能性のある活火山である。過去に何度も噴火している。

直近では、1707 年に富士山が噴火しているが、この宝永噴火の 49 日前に南海トラフでマグニチュード 8.6 と推定される宝永地震が発生している。

今回、防災科学技術研究所などの研究により、2011年3月11に発生した。東日本大震災と、その4日後の3月15日に富士山周辺で発生したマグニチュード6.4の地震によって、マグマだまりに噴火を引き起こしかねないほどの大きな圧力がかかったことがわかった。噴火にいたる要因は様々だが、このマグマ溜まりへの圧力は、先の宝永地震の時よりも強く、富士山噴火への影響が危惧されている。

単語

跨る（またがる）	跨越，横跨
直近（ちょっきん）	贴近，最接近符合事项
宝永（ほうえい）	年号（1704.3.13-1711.4.25）
トラフ	海沟
マグニチュード	震级
マグマだまり	岩浆源

二、聞きましょう

テーマ：富士山と桜の絵画展

単語

絵画（かいが）	绘画
菰野（こもの）	三重県北部三重郡的町
パラミタミュージアム	美术展览馆名
円山応挙（まるやまおうきょ）	江户中期的画家，圆山派之祖，代表作《保津川図屏风》、《雪松図屏风》
屏風（びょうぶ）	屏风
勲章（くんしょう）	勋章
しだれ桜（しだれざくら）	垂樱

問題1　A、B、C、Dの中から正しい答えを一つ選びなさい。

(1) (　　)中期の画家、円山応挙の『富士三保松原図屏風』は金ぱくの屏風に雄大な富士山が描かれています。

　　A 平成時代　　B 江戸時代　　C 昭和時代　　D 鎌倉時代

問題2　文章の内容と合っているものに〇、ちがっているものに×をつけなさい。

(1) 文化勲章を受章した日本画家で美術界の発展に尽くした奥田元宋の『春耀』は、しだれ桜の満開の様子が華やかに描かれています。(　　)

(2) 富士山や桜を題材にした絵画の作品展が青森県で開かれています。(　　)

問題3　次の文を完成しなさい。

(1) (　　　　　　)を題材にした絵画の作品展が(　　　　　　)菰野町で開かれています。

(2) 菰野町の美術館、パラミタミュージアムで開かれている(　　　　　)にはおよそ(　　　　　)が展示されています。

問題4　次の質問に答えなさい。

(1) 富士山と桜の絵画展はどこで開かれましたか。

_____

(2) 絵画展では作品が何点展示されましたか。

_____

三、豆知識

富士登山

　一般的には毎年7月1日の山開きから8月26日の山じまいまでである。現在使用されている主な登山道として静岡県側で富士宮口・須走口・御殿場口、

山梨県側で吉田口がある。

　富士山を登山する際には4つの登山コースがあり、「五合目」と呼ばれるところまで車やバスでアプローチするのが一般的である。

　各ルート毎に、同じ「五合目」と言っても標高も山頂までの距離もまちまちで一体何を基準に決めたのかと思ったりもするが、それはそれとして富士登山に先立ってどこから登るかを選択しなければならない。

　この部分では、それぞれのコースの特徴をざっくりと解説する。

各登山道比較表

	吉田口	須走口	御殿場口	富士宮口
登山開始標高	2305m	2000m	1440m	2400m
頂上との標高差	1471m	1776m	2336m	1376m
登りの楽さ	△	△	×	○
下りの楽さ	△	○	○	×
山小屋の数	26件	13件	7件	9件
人の数	とても多い	少なめ	少ない	多い
登山途中の御来光	○	○	○	×
剣が峰の近さ	遠い	遠い	近い	最近
駐車場の混雑度	激しい	普通	空いてる	激しい

|単語|

アプローチ　　　　　　　　　　　　　　　　　　　　　　　接近
剣が峰（けんがみね）　　　　　　　　　　　　　　剣峰，火山喷火口的边缘

話題 2
さくら

一、聞く前に

- 桜の歴史について

桜は穀物の神が宿るとも、稲作神事に関連していたともされ、農業にとり昔から非常に大切なものであった。また、桜の開花は、他の自然現象と並び、農業開始の指標とされた場合もあり、各地に「田植え桜」や「種まき桜」とよばれる木がある。これは桜の場合も多いが、「桜」と名がついていても桜以外の木の場合もある。

- 日本人と桜

桜では開花のみならず、散って行く儚さや潔さも、愛玩の対象となっている。

古くから桜は、諸行無常といった感覚にたとえられており、ぱっと咲き、さっと散る姿ははかない人生を投影する対象となった。

桜は春を象徴する花として日本人にはなじみが深く、春本番を告げる役割を果たす。桜の開花予報、開花速報はメディアを賑わすなど、話題・関心の対象としては他の植物を圧倒する。入学式を演出する春の花として多くの学校に植えられている。

携帯電話サイトによる調査に過ぎないが、回答者の8割が桜を「とても好き」と答えた。九州から関東での平地では、桜が咲く時期は年度の変わり目に近く、桜の人気は様々な生活の変化の時期であることとも関係する。

単語

儚さ（はかなさ）　　　　　　　　　　　　　　　　　　　　短暂，虚幻
潔さ（いさぎよさ）　　　　　　　　　　　　　　　　　　　　圣洁，干净

二、聞きましょう

テーマ：沖縄　早くも「さくら祭り」

単語

ヒカンザクラ　　　　　　　　　　　　　　　　　　　　　　　钟花樱
沖縄本島（おきなわほんとう）　　　　　　　　　　　　沖縄諸島中最大的島嶼
テープにはさみを入れる　　　　　　　　　　　　　　　　　　剪彩
バック　　　　　　　　　　　　　　　　　　　　　　　　　　背景

問題1　A、B、C、Dの中から正しい答えを一つ選びなさい。

（1）今日は約、（　　）本の桜とあざやかな青い海をバックに記念写真を撮りました。

　　A 5000　　　B 6000　　　C 7000　　　D 8000

問題2　文章の内容と合っているものに〇、ちがっているものに×をつけなさい。

(1) 沖縄県の名護市では、恒例の「さくら祭り」が始まりました。（　　）

(2) 桜は上向きに咲き、鮮やかな色が特徴です。（　　）

(3) 「名護さくら祭り」はあさってまで開かれています。（　　）

問題3　次の文を完成しなさい。

(1) 桜は（　　　　　　）に咲き、鮮やかな（　　　　　　）が特徴です。

(2) 今日はたくさんの（　　　　　　　　）が訪れ、約、5000本の桜と鮮やかな青い海をバックに記念写真を撮り、（　　　　　　　　　）を楽しんでいました。

(3) （　　　　　　　　）は（　　　　　　　　）まで開かれています。

問題4　次の質問に答えなさい。

(1) 名護市の「ヒカンザクラ」はどんな特徴がありますか。
　_____

(2) 「名護さくら祭り」は何日までですか。
　_____

三、豆知識

桜の食用

　花（花弁）自体も塩漬けにすると独特のよい香りを放ち、和菓子・あんパンなどの香り付けに使われる。花の塩漬けは、お茶または湯に入れて茶碗の中で花びらが開くことから、祝い事に使われる。婚礼や見合いなどの席では「お茶を濁す」ことを嫌い、お茶を用いずに桜湯を用いることが多い。

　桜の葉の塩漬けも食用として用いられる。桜餅は、塩漬けの葉で包まれている。桜の葉の塩漬けには多くの場合オオシマザクラが用いられており、伊豆半島南部において生産が盛んである。シロップ漬けにされることもある。

単語

あんパン	帯陷面包
お茶を濁す（おちゃをにごす）	敷衍搪塞
シロップ	果汁，糖浆

話題 3

温泉

草津温泉 　　有馬温泉 　　下呂温泉

一、聞く前に

■ **日本の三大温泉—草津温泉**（くさつおんせん）

　草津温泉とは、群馬県吾妻郡草津町（旧国上野国）にある温泉のことである。林羅山の日本三名泉に数えられる。江戸時代の温泉番付では当時の最高位である東大関に格付けされた、日本を代表する名泉の一つである。

泉質

　草津温泉の湯は基本的には酸性泉（酸性低張性高温泉）である。場所（源泉）によっては硫黄泉なども見受けられる。酸性が強くpHは2前後である。この強酸性のために下流の品木ダムには酸性中和施設がある。適応症は皮膚病・神経痛・糖尿病ほか。

　草津温泉は、草津白根山から東へ流れる地下水に火山ガスが出会って生じていると考えられている。降ってから数ヶ月から数年の比較的新しい地下水が主体となっており、湧出量は直前の降水量の影響を強く受けている。また、白根山の山頂に近いほどpHが低く、含有成分も変わる。

二、聞きましょう

テーマ：松山 道後温泉まつり始まる

単語

神職（しんしょく）	从事神社祭祀仪式的人
竹筒（たけづつ）	竹筒
湯釜（ゆかま）	热水锅
かたどる	模仿
みこし	神舆，神灵所乘的轿子
奉納（ほうのう）	供奉

問題1 A、B、C、Dの中から正しい答えを一つ選びなさい。

(1)（　　）市の道後温泉で、「道後温泉まつり」が始まりました。

　　A 松山　　B 横浜　　C 名古屋　　D 神戸

問題2 文章の内容と合っているものに〇、ちがっているものに×をつけなさい。

(1) 市営の入浴施設「道後温泉本館」の脇で、湯の恵みに感謝する「湯祈祷」が行われました。（　　　）

(2) このあと、「湯釜」をかたどったみこしが、湯神社に向かって練り歩き、家庭の幸福を祈願しました。（　　　）

問題3 次の文を完成しなさい。

(1) 松山市の道後温泉で、（　　　　　　）（　　　　　　）「道後温泉まつり」が始まりました。

(2) このあと、（　　　　　　）「湯釜」をかたどったみこしが、湯神社に向かって練り歩き、（　　　　　　　）を祈願しました。

問題4 次の質問に答えなさい。

（1）道後温泉で、どんな神事が行われましたか。

_____

（2）参加した温泉旅館の関係者は何と話していましたか。

_____

三、豆知識

■ 日本の三大温泉—下呂温泉、有馬温泉

　下呂温泉（げろおんせん）は、岐阜県下呂市（旧飛騨国益田郡）にある温泉。林羅山が有馬温泉・草津温泉とともに、日本三名泉に数えた（ただし、当時は下呂ではなく湯島と表記）ことから、「日本三名泉」と称されている。

泉質

- アルカリ性単純温泉

温泉街

　下呂駅から飛騨川（益田川）沿いを中心に旅館・ホテルが林立している。道路が狭く、自動車の通行量が多い場所も有り、下駄履き・浴衣がけで散策するには向く所もある。

　有馬温泉（ありまおんせん）は、兵庫県神戸市北区（旧摂津国）にある温泉で、日本三古湯の一つであり、林羅山の日本三名泉や、枕草子の三名泉にも数えられ、江戸時代の温泉番付では当時の最高位である西大関に格付けされた。名実ともに日本を代表する名泉の一つである。瀬戸内海国立公園の区域に隣接する。

泉質

　地質的には、活断層である有馬高槻構造線の西端にあるため、地下深くまで岩盤が割れており、その割れ目を通って地下深くから温泉水が噴出している構造。
　泉質は湧出場所により異なり、塩分と鉄分を多く含み褐色を呈する含鉄塩化物泉、ラジウムを多く含む放射能泉、炭酸を多く含む炭酸水素塩泉の3種類がある。それぞれ、湧出口では透明だが、空気に触れ着色する含鉄塩化物泉（赤湯）は「金泉（きんせん）」と呼ばれ、それ以外の透明な温泉は「銀泉（ぎん

せん）」と呼ばれている。ただし、泉源により成分は若干異なる。なお、「金泉」、「銀泉」という名称は、有馬温泉旅館協同組合の登録商標（金泉：第3295652号・第4672302号、銀泉：第4672303号）となっているため、これらの名称を勝手に使用することはできない。

　近年、放射性同位体の成分分析により、金泉の起源は瀬戸内海ではなく、太平洋（南海トラフ付近）の海水を起源とすることが、ほぼ解明された。

- 金泉：含鉄ナトリウム塩化物強塩高温泉
  鉄分が多いため、タオルにかけ続けると赤褐色に染まる。
- 銀泉：炭酸ラジウム混合低温泉
- 泉源：天神泉源、有明泉源、炭酸泉源、太閤泉（飲泉場）、極楽泉源、御所泉源、妬（うわなり）泉源

単語

アルカリ	碱
ラジウム	镭
トラフ	槽
ナトリウム	钠

話題4

神社

出雲大社（神代創建、島根県出雲市）　　八坂神社（飛鳥時代創建、京都市）

一、聞く前に

　神社（じんじゃ）とは、神道の信仰に基づき作られた、恒設の祭祀施設。鳥居の内の区域一帯を、神霊が鎮まる神域とみなす。神社によっては式年遷宮の習わしがあり、数年ごとに、社殿などを新しく造り替える場合もある。

　古くは社殿がなくとも「神社」とした。神聖な山、滝、岩、森、巨木などに「カミ」（=信仰対象、神）が宿るとして敬い、俗（生活に活かす）の山、滝、岩、森、巨木と区別したのである。現在の社殿を伴う「神社」は、これらの神々が御神体から移し祀られた祭殿が常設化したものとされる。教会や寺院といった礼拝堂や説法・布教する場とは趣を異にする。

　現在では参拝用の施設の他に、結婚式の設備などが併設されることも多い。戦前はいわゆる「国家神道」を「神社」と称した。

単語

式年遷宮（しきねんせんぐう）	祭年迁宮，神道規定每隔一定时期，要重新建造神社大殿，将神体从旧殿迁移出来。

二、聞きましょう

テーマ：阿蘇神社で火振り神事

単語

燃えさかる（もえさかる）　　　　　　　　　　　　　熊熊燃烧
たいまつ　　　　　　　　　　　　　　　　　　　　　火把
五穀豊穣（ごこくほうじょう）　　　　　　　　　　　五谷丰登
参道（さんどう）　　　　　　　　為参拝神社、寺院而修的道路
氏子（うじこ）　　　　　　　　　　祭祀共同的祖先神的人们

問題1　A、B、C、Dの中から正しい答えを一つ選びなさい。

(1) 火振り神事、は神々の婚礼を祝うもので、阿蘇神社に（　　）年以上前から伝わる祭事のひとつとして国の重要無形民俗文化財に指定されています。

　　A 500　　B 800　　C 1000　　D 1200

問題2　文章の内容と合っているものに〇、ちがっているものに×をつけなさい。

(1) 昨夜、燃えさかるたいまつを振り回して五穀豊穣を願う神事が行われました。（　　）

(2) 結婚した神々の3つのご神体が火振りの炎に送られて神社を出発すると、火振りには訪れた一般の人たちも加わりました。（　　）

(3) 用意された1000個のたいまつに次々と火が付けられました。（　　）

問題3　次の文を完成しなさい。

(1) (_____) で燃えさかるたいまつを振り回して五穀豊穣を願う「_____」が19日夜、行われました。

(2) 19日午後7時に「姫神」のご神体が神社に到着すると、縄が結ばれたカヤのたいまつに（　　　　　　　　）、参道で、氏子たちが一斉に（　　　　　　　　）を祝う「火振り」を始めました。

(3) 用意された（　　　　　　　　）に次々と（　　　　　　　　）、参道にはいくつもの火振りの炎の輪が浮かび上がり、あたりは幻想的な雰囲気に包まれていました。

問題4　次の質問に答えなさい。

(1) 火振り神事はどんな神事なんですか。
_____

(2) 火振り神事は何年以上前から伝わる祭事ですか。
_____

三、豆知識

神社の名称

　神社の名称の付け方は様々である。最も一般的なのは地名によるものである。「〜坐神社」というのもある。また祭神名を冠するものも多い。ほかに奉斎する氏族の名前を冠するものや祭神に関連する語句を冠するもの、神社の種別を表すもの・祭神の座数によるものなどがある。また由来が不詳である神社名も少なくない。稲荷神社や八幡宮など全国に広く分布するものは、それらの社名にさらに地名を冠することが多い。

　天満宮は音読みで、八幡宮や浅間神社は音読みと訓読みの場合があるが、音読みで社号を読むのは仏教の影響である。天満宮は祭神である天満天神が仏教の影響を受けているため、漢語の社名となっている。八幡宮と浅間神社はいずれも本来は「やわた」「あさま」と訓読みしたが、神仏習合のもと仏教の影響で、音読みが定着した。

　なお、原則として全ての神社を「一神社」（宮号・神宮号を除く）と称するようになったのは近代になってからである。「一明神」や「一権現」などと神名を社号としたところや、「一稲荷」「一八幡」と「神社」の部分が省略された

ところ、「一社」としたところなどがあったが、全て原則として「一神社」と称することになった。これを権現号の使用禁止と関連させて、排仏政策によるという指摘もあるが、むしろ国家が管理するうえでの都合によるといえるだろう。

　近代においては終戦まで神社はいわば国家の施設であり、法令上の規則により、「神社」と認められるのに設備や財産などの条件があり、条件に満たないものは「神社」とされなかったのである。

話題 5

祭り

高山祭の屋台 　　　　祇園祭

一、聞く前に

　高山祭（たかやままつり）とは岐阜県高山市で毎年開催される祭で、京都市の祇園祭、埼玉県秩父市の秩父夜祭と並んで日本三大曳山祭の一つに数えられる。京都市の祇園祭、滋賀県長浜市の長浜曳山祭と並んで日本三大山車祭とされる。また「高山祭屋台」は1960年6月9日に重要有形民俗文化財に、「高山祭の屋台行事」は1979年2月3日に重要無形民俗文化財に指定された。国指定重要有形・重要無形、両民俗文化財に指定されているものは全国で五件のみで、その内の一件である。

　日枝神社例祭として4月14〜15日に行われる春の山王祭と、櫻山八幡宮例祭として10月9〜10日に行われる秋の八幡祭がある。

二、聞きましょう

テーマ：春の高山祭をのぼりでPR

|単語|

| 飛騨（ひだ）   旧国名之一，相当于岐阜县北部
     控える（ひかえる）   临近，迫近
     PR（ピーアール）   宣传，造势
     のぼり   祭典时用的幡
     祭り屋台（まつりやたい）   祭祀台
     練り歩く（ねりあるく）   结队缓行
     染め抜く（そめぬく）   仅纹样的部分保留染地的颜
                                      色，其余部分染成别的颜色
     クレーン車   吊车

問題1 A、B、C、Dの中から正しい答えを一つ選びなさい。

(1) 今日は午前（　　　）から「のぼり」の設置作業が行われました。

　　A 8時　　B 8時半　　C 9時　　D 9時半

問題2 文章の内容と合っているものに〇、ちがっているものに×をつけなさい。

(1) けんらん豪華な12台の祭り屋台が古い町並みを練り歩く「春の高山祭」は、飛騨地方に春を告げる祭りとして知られ、全国から多くの観光客が訪れます。（　　　）

(2) 今朝の高山市は、最低気温が氷点下0.1度でした。（　　　）

(3) 春の高山祭は来月13日・14日・15日の3日間開かれます。（　　　）

問題3 次の文を完成しなさい。

(1) 飛騨地方に春を告げる「春の高山祭」を（＿＿＿＿＿＿＿）にひかえて、祭りの雰囲気を盛り上げようと、JR高山駅前に、祭りをPRする（＿＿＿＿＿＿＿＿＿＿＿）が設置されました。

(2) (＿＿＿＿＿＿＿＿)から「のぼり」の設置作業が行われ、高山市から委託を受けた業者が「飛騨高山祭」の文字が染め抜かれた、(＿＿＿＿＿＿＿＿)の「のぼり」とちょうちんをクレーン車を使って立てていきました。

(3) 春の高山祭は(＿＿＿＿＿＿＿＿＿＿＿＿)開かれ、(＿＿＿＿＿＿＿＿＿)が見込まれています。

問題4 次の質問に答えなさい。

(1) 祭りの雰囲気を盛り上げるために、JR高山駅前に、何が設置されましたか。

_____

(2) 春の高山祭はいつ行われますか。

_____

三、豆知識

日本の三大祭

- **神田祭**（かんだまつり　東京都）

東京の神田明神（神田神社）で行われる祭礼のこと。山王祭、深川祭と並んで江戸三大祭の一つとされている。京都の祇園祭、大阪の天神祭と共に日本の三大祭りの一つにも数えられる。なお祭礼の時期は現在5月の中旬となっているが、本来は旧暦の9月15日に行なわれていた。

- **祇園祭**（ぎおんまつり　京都市）

7月17日にクライマックスの山鉾巡行を迎える。八坂神社の祭礼であり、秩父夜祭、飛騨高山祭と並んで日本三大曳山祭のひとつに数えられる。また、5月15日の葵祭、10月22日の時代祭と共に、京都三大祭のひとつにも数えられている。

- **天神祭**（てんじんまつり　大阪市）

生国魂神社の生玉夏祭、住吉大社の住吉祭と共に大阪三大夏祭りの一つ。期間

は6月下旬吉日-7月25日の約1ヶ月間に亘り諸行事が行われる。特に、25日の本宮の夜は、大川（旧淀川）に多くの船が行き交う船渡御（ふなとぎょ）が行われ、奉納花火があがる。大川に映る篝火や提灯灯り、花火などの華麗な姿より火と水の祭典とも呼ばれている。他に鉾流神事（ほこながししんじ）、陸渡御（おかとぎょ）などの神事が行われる。24日宵宮、25日本宮である。

単語

クライマックス　　　　　　　　　　　　　　　　　　　　最高潮，最高峰

話題 6

子供の日とひな祭り

一、聞く前に

- **こどもの日**

子供の日は、日本において5月5日に祝われる国民の祝日の一つである。この日、男の子のいる家では、五月の節句用の武者（むしゃ）や昔の英雄をかたどった人形を飾り、鯉のぼりを揚げる。鯉は滝をも登る強さがあると言われ、長らく人生での成功の象徴と考えられてきた。この日にはまた、昔から薬効があると言われる菖蒲（ショウブ）を入れた風呂に入る。そして、大事なのは柏餅（カシワモチ）をお供えすることである。

- **ひな祭り**

ひなまつりは女の子のすこやかな成長を祈る節句の年中行事。ひいなあそびともいう。3月3日に行なう。しかし一部では引き続き旧暦3月3日に祝うか、新暦4月3日に祝う（東北・北陸など積雪・寒冷地に多い）。旧暦では桃の花が咲く季節になるため「桃の節句」となった。

単語

象る（かたどる）　　　　　　　　　　　　　　　　　　　　仿照，模仿

菖蒲（しょうぶ）　　　　　　　菖蒲，天南星科多年生草本植物
柏餅（かしわもち）　　　　　　　　　　　　　　　槲叶糕

二、聞きましょう

テーマ：約1000体のひな人形展示

単語

須坂市（すざかし）　　　　　　　　　　　　　　長野県的須坂市
須坂アートパーク　　　　　　　　　須坂市「世界の民俗人形博物館」、
　　　　　　　　　　　　「須坂版画美術館・平塚運一版画美術館」、
　　　　　　　　　　　　　　　　「歴史的建物園」三設施的総称。

問題1　A、B、C、Dの中から正しい答えを一つ選びなさい。

(1) このひな飾りは（　）から見ると大きなハートの形に見えるようぼんぼりが並べられ、さらにその中にも桜の飾りでもうひとつのハート型が作られています。

　A 前　　　　B 後ろ　　　　C 左側　　　　D 右側

問題2　文章の内容と合っているものに〇、ちがっているものに×をつけなさい。

(1) ひな祭りを前に高さ8メートルのひな壇に2000体のひな人形を並べた大きなひな飾りが須坂市の博物館に登場し訪れる人たちを驚かせています。（　　）

(2) このほか会場にはひな飾りが並べられていて、人形のサイズが徐々に小さくなります。（　　）

(3) ひな飾りの展示は4月21日まで行われています。（　　）

問題3　次の文を完成しなさい。

(1) 須坂市にある「須坂アートパーク」では敷地内にある博物館や美術館で

毎年、（_____）から現代までのひな人形あわせておよそ（_____）を展示しています。

(2) このひな飾りは（_____）の形に見えるようぼんぼりが並べられ、さらにその中にも（_____）でもうひとつのハート型が作られています。

(3) このほか会場には（_____）から（_____）まで作られた時期ごとにひな飾りが並べられていて、人形のサイズが徐々に大きくなり（_____）もその時期の流行によって移り変わっていく様子が分かるようになっています。

問題4　次の質問に答えなさい。

(1) ひなまつりはいつですか。この日に普通女の子がいる家庭で何を飾りますか。

_____

(2) 「世界の民俗人形博物館」には何が展示されていますか。

_____

三、豆知識

■　こいのぼり

　子供の日の一番の象徴は鯉のぼりである。鯉のぼりとは、布製の鯉のことで、家の前に竿につけて立てる。鯉のぼりは非常に大きなもので、子供の年齢によって大きさは変わるが、9メートル以上になるものもある。のぼりの数はその家の子供の数だけあり、最も小さいものは末っ子のために、最も大きなものは一番上の子のために用意される。日本では、鯉は速い流れにも逆らって泳ぐことができることから、強い生命力と勇気の象徴とされている。

■ ひな祭りについて

　ひなまつりは「男雛」と「女雛」を中心とする人形を飾り、桃の花を飾って、白酒や寿司などの飲食を楽しむ節句祭り。本来「内裏雛（だいり）」とは雛人形の「男雛」と「女雛」の一対を指し、男雛を「お内裏様」、女雛を「お雛様」と呼ぶのは、サトウハチローが作詞した童謡「うれしいひなまつり」の歌詞から広まった誤用である。関東雛と京雛では男雛と女雛の並ぶ位置は逆。三人官女以下のその他大勢の随臣、従者人形を「供揃い」という。

| 単語 |

竿（さお）	竹竿
佐藤八郎（さとうはちろう）	佐藤八郎、詩人
供揃い（ともぞろい）	随从人员

話題 7

お守り

一、聞く前に

- **御守りについて**

よいことがあるように（開運、招福）、あるいは悪いことがおきないように（厄除け、魔除け）と願って持つ。同じ目的を有するいわゆる「お札」は家庭や会社などその場から動かない一種の固定閉鎖空間の加護であるのに対し、「守札」は身に着けて持ち歩くという性質から、個人あるいは動く空間の加護を願うものである。身に着け持ち歩くことが前提であるので、たいていは、根付（ねつけ）のように小さなものから片手の中にすっぽり収められるまでのサイズである。移動する電車や自動車につけるようなものはもう少し大きいこともある。

- **「御守り」の効果の目安**

一般に「御守り」の場合、効果は約1年です。1年間を目安に新しいものに変えていこう。

ちなみに、「護符」に関してはどんな願いをかけるかによって、差はあるが、こちらも約1年、長くても3年が目安です。期間が過ぎても効果が無くなるわけではないが、どうしても外界の「気」にさらされると汚れてきてしまい、純

粋な効力を発揮できなくなってしまう。よって願いが叶っても、叶わなくてもきちんと処分することをすすめる。

単語

厄除け（やくよけ）	除厄，消灾
魔除け（まよけ）	驱邪，除魔
根付（ねつけ）	坠饰，荷包
すっぽり	完全蒙上，包严
目安（めやす）	标准，基准

二、聞きましょう

テーマ：埼玉・行田の「落ちない御守」

単語

戦国時代（せんごくじだい）	战国时代（1467-1568）
因む（ちなむ）	由来于，源于，来自
率いる（ひきいる）	率领，带领
のぼう	「のぼうの城」中主人公的名字

問題1 A、B、C、Dの中から正しい答えを一つ選びなさい。

(1) 行田市は、最後まで落ちなかった城にちなんだ「落ちない御守」を考案し、（　　）が決まりました。

　　Aアニメ化　　　B漫画化　　　Cドラマ化　　　D映画化

問題2 文章の内容と合っているものに〇、ちがっているものに×をつけなさい。

(1) 行田市は、4年前から市の観光施設などで販売してきました。（　　）

(2) お守りは白と黒、赤の3種類があります。（　　）

(3) お守りは忍城や戦国時代に活躍した武将などが描かれています。（　　）

問題3　次の文を完成しなさい。

(1) お守りは（　　　　　）と（　　　　　）、（　　　　　）の3種類があり、忍城や戦国時代に活躍した武将などが描かれています。

(2) 当初は毎月（　　　　　）ほどが売れていましたが、映画が公開された（　　　　　）には800個を超え、受験生などを中心に人気が高まっているということです。

(3) 「ご好評をいただいて（　　　　　）をはじめ、（　　　　　）をPRし、引き続き（　　　　　）を進めたいと思います。」

問題4　次の質問に答えなさい。

(1) 行田市の御守りはなぜ受験生で人気がありますか。
　　_____

(2) 戦国時代の忍城を再現した映画は何といいますか。
　　_____

三、豆知識

御守りの処分

　誰しもが、手元にあるお守りには、お世話になった感謝の意も込めて、失礼のないようにしたいと思われていることだろう。また、お守りやお札には、神様の魂が込められている。では、いつどのように処分したらよいのか、説明したいと思う。

■　「お守り」の処分方法

　身につけて一年が過ぎた「お守り」は感謝の意を込めて、もらった神社やお寺へ返すのが原則である。

　基本的には戴いた神社にて、篝火(かがりび)などでお焚き上げしてもらうのがよいだろう。「護符」の場合も、もらった所できちんと処分してもらえるならそうしよう。

事情によりその神社やお寺まで行けない場合は、住んでいる近くの神社やお寺でもかまわない。ただし、神社でもらったものは神社へ、お寺でもらったものはお寺へ返すようにしてくださいね。

■　「お守り」を自分で処分する方法

　通販で購入したり旅先で購入して、近くの神社やお寺に処分してもらうのが頼みづらい場合は、自分で処分しよう。

　自分で焼却する場合は、白い半紙に包んでひとかけらの粗塩をかけて燃やす。この白い半紙と塩には「清める」という効果があり、とりあえず処分に困っている縁起物や風水グッズなどでも活用できる。

　これらの場合は、白い半紙に包んで粗塩をひとつまみ入れて、そのまま燃やさずに、ゴミとして処分してもかまわない。「ありがとう」という感謝の気持ちがあれば大丈夫である。

二、日本社会

話題 8

地震

阪神淡路大震災　　　　東日本大震災

一、聞く前に

- **日本で発生した大地震**

　日本およびその周辺の地震、震災など古地震として多く取り上げられる地震として、1923 年の関東大震災がある。この地震では、日本の歴史上最多となる 10 万人以上の死者を出し、首都東京を含む広い範囲に被害を与え、火災の被害も大きかった。1995 年の兵庫県南部地震阪神・淡路大震災は都市部を襲った地震の典型例であり、その後の建築基準法の見直しや防災意識の変化などに大きな影響を与えた。2004 年の新潟県中越地震では震災後の避難生活に関する問題が大きく取り上げられるようになった。2011 年の東北地方太平洋沖地震東日本大震災は津波によって東日本の太平洋側の広い範囲に被害を与え、原発事故等の新たな問題も発生した。

- **防災の日と防災訓練**

　日本では関東大震災のあった 9 月 1 日を、1960 年に防災の日と定め、国を

挙げての防災訓練が行われている。南関東直下地震首都直下地震の発生が想定される南関東では、九都県市合同防災訓練の一環として各都県市で総合防災訓練が行われる。その他、静岡県では七月第一土曜日を「地震津波対策の日1993年北海道南西沖地震に拠る」、12月第一日曜日を「地域防災の日 1944年東南海地震に拠る」、また、福井市では6月28日福井地震から7月18日福井豪雨までを「皆で防災を考える21日間」として、いずれも県・市をあげて防災訓練が行われる。また、阪神・淡路大震災のあった1月17日頃にも防災訓練は行われる。

[単語]

　　淡路（あわじ）　　　　　　　　　　　　　　　　库县淡路岛全岛
　　北海道南西沖地震（ほっかいどうなんせいおきじしん）
　　　　　　1993年7月12日发生于北海道西南洋面的地震，震级7.8级

二、聞きましょう

テーマ：地震に備え超高層マンションで救助訓練

[単語]

　　レスキュー隊（たい）　　　　　　　　　　　　　救援队，营救队
　　非常階段（ひじょうかいだん）　　　　　　为出现紧急情况而设置的楼梯
　　応急手当て（おうきゅうてあて）　　　　　　　　　　　急救措施
　　担架（たんか）　　　　　　　　　　　　　　　　　　　　担架

問題1　A、B、C、Dの中から正しい答えを一つ選びなさい。

（1）この訓練は、東京・中央区に（　　）階建てのマンションで行われました。

　　　A 41　　　B 42　　　C 43　　　D 44

問題2　文章の内容と合っているものに〇、ちがっているものに×をつけなさい。

（1）訓練は東京湾北部を震源とする震度7強の地震が発生しました。（　　）

（2）訓練では警視庁月島警察署のレスキュー隊のメンバーらが非常階段を

使って 43 階まで駆け上がりました。（　　）

(3) 都心には 50 メートル以上の超高層マンションが集中しており、警視庁は訓練を通じて超高層マンションの防災対策を強化していくことにしています。（　　）

問題3　次の文を完成しなさい。

(1) この訓練は、東京・中央区にある高さ 140 メートルの（　　　　　）で行われ、（　　　　　）などおよそ 100 人が参加しました。

(2) 訓練は東京湾北部を震源とする（　　　　　）の地震が発生し、マンションの高層階でけが人が出て（　　　　　）という想定で行われました。

(3) 訓練では警視庁月島警察署の（　　　　　）のメンバーらが非常階段を使って（　　　　　）まで駆け上がり、けが人を部屋から救助して救護室で応急手当てをしました。

問題4　次の質問に答えなさい。

(1) けが人はどういうふうに救助されたのですか。
_____

(2) あの人は何と話していましたか。
_____

三、豆知識

- 地震非常用品として備えておくもの
【非常持出品】
両手が使えるリュックサックなどに、避難の時必要なものをまとめて、目のつきやすい所に置いておく。

飲料水・携帯ラジオ・衣類・履物・食料品・マッチやライター・貴重品・懐中電灯・救急セット・筆記用具・雨具（防寒）・チリ紙など生活に欠かせない用品である。

【非常備蓄品】
地震後の生活を支えるもの、一人3日分程度（食料品等）
【停電に備えて】
懐中電灯・ローソク（倒れにくいもの）
【ガス停止に備えて】
簡易ガスこんろ・固形燃料
【断水に備えて】
飲料水（ポリ容器などに）
※1人1日3L目安

単語

リュックサック	背包
チリ紙	卫生纸
簡易（かんい）ガスこんろ	简易煤气炉

話題 9

原発事故

福島核事故后日本蝴蝶明显变异　　　　核泄漏后日本无人区

一、聞く前に

レベル7（最悪レベル）の事故　福島第一原子力発電所炉心溶融・水素爆発事故について

　2011年3月11日に発生した東北地方太平洋沖地震により、東京電力福島第一原子力発電所で圧力容器内の水位が低下。炉心が高温になるも、非常用電源の故障で緊急炉心冷却システムも作動せず、水蒸気爆発の可能性が高まった。そのため、弁を開いて放射性物質を含んだ水蒸気を大気中に放出した。この作業により、敷地境界域で1015μSv/hの放射線を確認。燃料棒も一部溶解。日本初となる原子力緊急事態宣言が発令され、周辺半径20kmの住民には避難指示が出された。

単語

弁（べん）　　　　　　　　　　　　　　　　　　　　　　　　　　　　阀

二、聞きましょう

テーマ：福島の常磐道 通行再開へ除染作業

単語

インターチェンジ	高速出入口，立体交叉立交桥
ホース	软管，水龙带
楢葉町（ならはまち）	城市名，位于福岛县东部
仮置き場（かりおきば）	暂时存放东西的地方
メルボルン	墨尔本
堅調（けんちょう）	坚实，坚挺

問題1 A、B、C、Dの中から正しい答えを一つ選びなさい。

(1) 福島県内の常磐自動車道の広野インターチェンジから常磐富岡インターチェンジまでの（　　）キロの区間は、震災直後から一般車両の通行ができなくなっています。

  A 15 B 16 C 17 D 18

問題2 文章の内容と合っているものに〇、ちがっているものに×をつけなさい。

(1) 環境省などは、この区間について放射性物質を取り除く除染を進め、ことし9月までに作業を終えます。（　　）

(2) 現場では、作業員が、除染に使う水をホースで吸い上げて回収できる高圧洗浄機を使って路面を丁寧に洗っていて、路面の放射線量は半分以下、下がったということです。（　　）

問題3 次の文を完成しなさい。

(1) （＿＿＿＿＿＿）で拡散した放射性物質の影響で通行できなくなっている福島県内の常磐自動車道で、（＿＿＿＿＿＿）の通行再開を前に環

境省が進めている（_____）の様子が今日、初めて公開されました。

（2）来年度中の通行再開を目指していて、再開を（_____）、（_____）で行われている除染作業の様子が今日、初めて公開されました。

（3）また、楢葉町では、（_____）を有効に使うため、除染で出た（_____）の廃棄物を機械で圧縮する作業が行われていて、廃棄物はもともとの（_____）程度まで小さくなっていました。

問題4　次の質問に答えなさい。

(1) 除染作業はいつまでですか。
_____

(2) 福島の常磐道　の通行再開の時間はいつですか。
_____

三、豆知識

原子力発電所反対デモ

　2011年（平成23年）3月11日の東北地方太平洋沖地震を主因に福島第一原子力発電所事故が発生すると、地震による原子力事故への危惧が高まり、東京や福島県浜通りなど全国各地で、原発の廃止を求めるデモ活動が行われるようになった。

　2011年（平成23年）3月20日に東京・渋谷で、同月27日には銀座で大規模なデモが行われ、いずれにも約1000人が集まったと報道された。

　4月10日には、東京で2つの反原発デモが行われ、それぞれ芝公園では2500人、高円寺では主催者発表で1万5千人、ロイターによれば5千人（どちらで行われたデモかは不明）が参加した。6月11日には新宿で主催者発表で約2万人が参加するなど、「6・11脱原発100万人アクション」としてデモやイベ

ントが全国各地で開かれ、参加者は合わせて朝日新聞によれば7万9千人と報じられた。

単語

ロイター　　　　　　　　　　　　　　　　　　　　路透社

話題 10

日米関係

一、聞く前に

より強力な同盟関係へ

　日本の市長がアメリカ海軍の指揮官に向かって投球する様子。日本とアメリカはアメリカから輸入された野球をともに愛するなど、多くの文化的なつながりを共有している。

　90年代の後半から今に至るまで、日米関係は発展し強化されてきた。関係の摩擦の主な原因であった貿易の問題は、日本に代わって中国がアメリカの経済の最大の脅威であると認識されるようになるのに伴い、薄れていった。一方、冷戦終了直後の安全保障の同盟関係は明確な脅威の欠如によって苦しんでいたが、ならずもの国家北朝鮮と中国の経済的、軍事的拡張が関係強化に口実を与えた。ジョージ・W・ブッシュ政権の外交政策はアメリカの国際関係の足かせになっていたが、自衛隊のイラク派遣とミサイル防衛の共同開発に見られたように、日本との同盟はより強くなった。

軍事的関係

　1952年の安全保障条約はアメリカとの安全保障関係の基盤を提供した。1960年に条約は改定され、そのなかで両国は日本国の施政下におけるいずれか一方に対する武力攻撃が危険であることを認めた場合に抵抗する能力を維持し発展させると宣言した。合意された条約では在日米軍は日本での展開における大きな変更を行う場合や日本の防衛以外で軍事作戦を行う際に日本の基地を使用するためには日本政府と事前に協議しなければならないことが定められた。しかしながら、日本はその憲法によって海外における軍事活動への参加が禁止されているため、日本の領土以外でアメリカが攻撃された場合にもアメリカを防衛するいかなる義務も負うことはなかった。1990年、日本政府は国家の安

全保障に寄与するため、調整を加えた条約を信頼し、それを継続する意向を示した。

単語

ならずもの（ならずもの）	流氓，无赖
ジョージ・W・ブッシュ	乔治布什

二、聞きましょう

テーマ：日米の同盟強化とＴＰＰを確認

単語

TPP	跨太平洋伙伴关系协议
未明（みめい）	天不亮
聖域（せいいき）	禁区
パートナーシップ	友好合作关系，伙伴关系
関税撤廃（かんぜいてっぱい）	撤销关税
一任（いちにん）	责成，完全委托
手応え（てごたえ）	回应，反应

問題1 A、B、C、Dの中から正しい答えを一つ選びなさい。

(1) 安倍総理大臣は、（　）について、交渉参加に向けて、なるべく早く判断する考えを示しました。

　　A GATT　　B TPP　　C APEC　　D WTO

問題2 文章の内容と合っているものに○、ちがっているものに×をつけなさい。

(1) 安倍総理大臣は自民党政権の3年間で著しく損なわれた日米の絆と信頼を取り戻したとしています。（　）

(2) 安倍総理大臣は、沖縄のアメリカ軍普天間基地の移設を日米合意に基づいて、早期に進めていく考えを伝えました。（　）

(3) 焦点のGATTを巡って両首脳は、日本が交渉に参加する場合はすべての

物品が交渉の対象とされ、日本がほかの参加国とともに包括的で高い水準の協定を達成していくことになることを確認しました。（　　）

問題3　次の文を完成しなさい。

(1) アメリカを訪れている（　　　　　　）は、日本時間の今日未明、初めてオバマ大統領と会談し、（　　　　　　）の強化を確認しました。

(2) 安倍総理大臣は、（　　　　　　）のアメリカ軍普天間基地の移設を（　　　　　　）に基づいて、早期に進めていく考えを伝えました。

(3) 日本に帰国する安倍総理大臣は、今後、TPPを経済の（　　　　　　）の一つに位置づけることも念頭に、判断を下すための（　　　　　　）を急ぐものとみられます。

問題4　次の質問に答えなさい。

(1) オバマ大統領は沖縄県の尖閣諸島において何と応じましたか。

　　_____

(2) 両首脳は、北朝鮮が3回目の核実験を行ったことについて、何と確認しましたか。

　　_____

三、豆知識

経済的関係

　アメリカは1990年の時点において日本の輸出の31.5%、輸入の22.3%、そして海外における直接投資の45.9%を占める最大の貿易相手国であった。2004年の時点において、アメリカは日本の輸出の22.7%を受け取り、輸入の14%を供給した（現在は中国に追い抜かれて20.7%に減少している）。アメリカから日本への輸出には原材料と工業製品の双方が含まれる。1990年の時点におけ

るアメリカからの輸入農産物は（アメリカの輸出統計によると85億ドル）、牛肉（15億ドル）、魚介類（180万ドル）、穀物（24億ドル）、大豆（88億ドル）からなる。工業製品の輸入は主として個人製品よりも機械と輸送機器のカテゴリーに属するものである。輸送機器の分野では、日本はアメリカから33億ドルの航空機やその部品を輸入した（自動車やその部品はわずか18億ドルに過ぎない）。

　日本からアメリカへの輸出はほとんどすべて工業製品であった。1990年、自動車の輸出は215億ドルに上り、単一のカテゴリーとしては他を引き離して最大であり、日本からアメリカへの輸出全体の24%を占めた。さらに自動車部品の輸出は107億ドルに上った。他の主要なものはオフィス機器（コンピューターを含む）で、1990年は総額で86億ドル、通信機器（41億ドル）、機械（4億5100万ドル）が続いた。

　1960年代中盤から、貿易収支は日本の黒字が続いている。日本のデータによると、アメリカからの黒字は1970年に3億8000万ドルに成長し、1988年には480億ドル近くに上り、1990年にはやや下がっておよそ380億ドルであった。1980年代の不均衡を示しており、1980年の日本の黒字は100億ドルであったのが、1987年には600億ドルとなり、1990年は不均衡がやや是正されて377億ドルに改善された。

単語

　　　カテゴリー　　　　　　　　　　　　　　　　　　　　領域，范疇

話題 11

選挙

一、聞く前に

- **選挙権について**

満20歳以上（投票日の翌日が20歳の誕生日の場合まで含む）の日本国民に与えられる。地方選挙に関しては、3か月以上当該選挙区内に住んでいることが必要とされる。ただし、満20歳以上であっても、犯罪を行った場合等で選挙権が停止されることもある（公民権の停止）。

なお、日本国籍を持たない人にも選挙権を与えるべきとの主張があるが、日本国籍者以外への選挙権付与は、日本国憲法第15条に定める「公務員を選定し、及びこれを罷免することは、国民固有の権利である」の項目に違反するとの指摘もある。

- **総選挙**

通常、衆議院議員の任期満了または衆議院解散による選挙をいう。なお、日本国憲法第7条第4号に「国会議員の総選挙」という記述があるが、ここでいう「総選挙」には参議院議員通常選挙を含む（憲法草案では一院制を想定していたため「国会議員の総選挙」としており、両院制への改正案が出た後も「国会議員の総選挙」という記述はそのままだったためとされる）。

- 通常選挙

  参議院議員の任期満了に伴う選挙をいう。
- 一般選挙

  地方議会議員の任期満了、解散および地方公共団体の設置による選挙をいう。
- 最下位当選者の票数が同数の場合

  最下位の当選において得票数を得た同数得票者が2人以上いた場合（定数が1人の場合は最高得票者が同数得票数の場合）、くじで当選人を決定する。1946年以前の選挙では、年長者を当選人としていた。

単語

当該（とうがい）	相応、相关
罷免（ひめん）	罢免

二、聞きましょう

テーマ：自公 ネット選挙解禁の公選法改正案

単語

自公（じこう）	自民党和公民党
ツイッター	推特（微博）
ソーシャル・ネットワーキング・サービス	社交服务（网站）
取りまとめる	归纳，汇总
偽る（いつわる）	冒充，诈骗
禁錮（きんこ）	监禁

問題1　A、B、C、Dの中から正しい答えを一つ選びなさい。

(1)（　　）は、今の国会での法改正を目指し、野党側に協議を呼びかけることにしています。

　　A 自民党　　B 公明党　　C 民主党　　D 自民・公明両党

問題2　文章の内容と合っているものに○、ちがっているものに×をつけなさい。

(1) インターネットを利用した選挙運動について、自民・公明両党は、ホー

ムページとともに、ツイッターなどのソーシャル・ネットワーキング・サービスの利用を解禁する。（　　）

(2) インターネットを利用した選挙運動について、自民・公明両党は、第三者を含めないで、インターネットの利用を解禁する。（　　）

問題3 次の文を完成しなさい。

(1) （_____）は、今の国会での法改正を目指し、（_____）を呼びかけることにしています。

(2) （_____）については、（_____）と（_____）のみに認め、送信先を事前に同意を得た人に限るとしています。

(3) 氏名などを偽ってインターネットを利用した場合、（_____）、または（_____）の罰金を科すとともに、公民権を停止するとしています。

問題4 次の質問に答えなさい。

(1) ネット選挙解禁の主な内容は何ですか。
_____

(2) 自民公明両党は何を呼びかけていますか。
_____

三、豆知識

日本の政党

2013年1月16日時点の議席数

政党名	衆議院	参議院	計
自由民主党（1955-）	295	83	378
民主党（1998-）	57	88	145
日本維新の会（2012-）	54	3	57
公明党（1964-1994, 1998-）	31	19	50
みんなの党（2009-）	18	11	29
生活の党（2012-）	7	8	15
日本共産党（1922-1924, 1926-）	8	6	14
社会民主党（1945-）	2	4	6
みどりの風（2012-）	1	5	6
国民新党（2005-）	1	2	3
新党改革（2008-）	0	2	2
新党大地（2011-）	1	1	2
沖縄社会大衆党（1950-）	0	1	1
日本未来の党（2012-）	1	0	1
（無所属）	4	3	7
（欠員）	0	6	6

話題 12

介護

一、聞く前に

　日本で「介護」という言葉が法令上で確認されるのは、1892年の陸軍軍人傷痍疾病恩給等差例からであり、介護は施策としてではなく、恩給の給付基準としての概念であった。「介護」という言葉が主体的に使われるようになったのは、1970年代後半からの障害者による公的介護保障の要求運動からである。それ以前の「『障害者の面倒を見るのは親がやって当り前』という社会の考え方からでは障害者は施設に追いやられる」という危機感からそのような運動が発生した。

　公的介護保障の要求を受けて、介護人派遣事業が制度化され始めたのは1980年代半ばからであるが、障害者にとって保障と呼ぶにはほど遠いものであった。地方自治体による高齢者の訪問介護・看護事業は1960年代より始まったが、理念的には家族介護への支えであって、その考え方は現在でも受け継がれている。医療にQOLの考えが普及すると、介護にも導入され、介護によって病人、高齢者の生活の質（QOL）を高め、QOLのさらなる向上に貢献することもまた介護の目的とされている。

　介護保険法や支援費支給制度により障害者が在宅介護や施設介護のサービスをまた、介護を行う介護福祉士や訪問介護員等の介護職や、介護サービスの利用の調整を図る介護支援専門員は、名称独占資格の専門職であるが仕事の肉体的・精神的負荷が大きく、仕事の難易度の高さや負荷の大きさや低賃金のため、恒常的な労働力不足の状況である。

単語

QOL　　　　　　　　　　　　　　　　　　　　　　　　　　　　生活质量

二、聞きましょう

テーマ：高齢者や障害者の相談会

単語

司法書士（しほうしょし）　　　　　　　　指专门接受他人委托，为其代写提交给法院、检察院或法务局的文件的人。

成年後見人（せいねんこうけんにん）　　　有智力障碍、患有精神疾病的成年人的监护人。

問題1　A、B、C、Dの中から正しい答えを一つ選びなさい。

(1) 高齢者や障害者が抱える生活の悩みなどに答える相談会が（　）などで開かれました。

　A 東京　　B 大阪　　C 横浜　　D 名古屋

問題2　文章の内容と合っているものに〇、ちがっているものに×をつけなさい。

(1) この相談会は愛知県司法書士会が県内3つの会場で開いていました。
（　　）

(2) あわせておよそ40人の司法書士が電話や面談で相談にあたりました。
（　　）

(3) 名古屋市の会場の電話相談は050-3537-3707で受け付けています。
（　　）

問題3　次の文を完成しなさい。

(1) （＿＿＿＿＿＿＿＿）が抱える生活の悩みなどに答える相談会が（＿＿＿＿＿＿＿＿）などで開かれました。

(2) 愛知県（＿＿＿＿＿＿）が名古屋市や豊橋市など県内（＿＿＿＿＿＿）

で開いていて、あわせて約40人の司法書士が（　　　　　　　　）で相談にあたりました。

(3) 相談会は（　　　　　　　　　　）まで開かれ、電話のほか、面談による相談も（　　　　　　　　）。

問題4　次の質問に答えなさい。

(1) 名古屋市でどんな相談会が開かれましたか。
　_____

(2) だれが相談にあたりましたか。
　_____

三、豆知識

介護観

　日本の介護観は、従来「両親は息子（特に長男）や親族が面倒をみるもの」という価値観があった。だが、少子高齢化や核家族化の進行、医療の進歩に伴い寿命が延びたことにより、介護を行う家族（配偶者や子）もまた高齢者であるという「老老介護」の問題も浮かび上がっており、家族にとってはより重い負担となっている（著名な例では、1999年に当時の高槻市市長江村利雄が、妻の介護と公職の両立が出来ない事を理由に市長を辞任して議論となった）。老老介護の苦労や負担に耐え切れず、介護する子が親を殺害するなどの犯罪にも繋がっている。

　現在では要介護者を抱えた家庭の苦労や、介護される側の気苦労などが広く知られるようになり、社会全体で面倒を見てもよいという価値観が生まれつつある。また関東圏と関西圏においても介護観の違いが報告されている。これは社会と文化の多様化および複雑化に伴うものだと考えられる。介護観の複雑多様化は、ある意味必然的なものなのかもしれないが、その多様性に対応できる社会体制が必ずしも整っているとは限らない。

話題 13

春闘

一、聞く前に

- **春闘について**

春闘（しゅんとう）とは日本において毎年春2月頃から行われる、賃金の引上げや労働時間の短縮などといった労働条件の改善を要求する労働運動である。春季生活闘争、春季闘争、春季労使交渉などともいう。

春闘組織
- 全労連は国民春闘共闘委員会
- 連合は中央闘争委員会または中央執行委員会

二、聞きましょう

テーマ：春闘スタート　賃金引き上げどこまで

単語

連合（れんごう）	日本労働組合総連合会的簡称
目安（めやす）	标准，目标

問題1　A、B、C、Dの中から正しい答えを一つ選びなさい。

(1) 連合岡山は（　　）あまりの労働者が参加する県内最大労働組合の団体である。

　　A　8万4千人　　B　6万4千人　　C　4万8千人　　D　4万6千人

問題2　文章の内容と合っているものに〇、ちがっているものに×をつけなさい。

(1) 岡山市北区土山開かれた景気集会には参加する労働組合からおよそ300人が集まりました。（　　）

(2) 年齢におちた賃金の上昇が維持されるよう賃金が30歳で、19万円35で21万円に到達するよう改善を求めていくことを確認しました。（　　）

問題3　次の文を完成しなさい。

(1) 県内最大な労働組合の団体（　　　　　　　　）は今日岡山市内で景気集会を開いて、（　　　　　　　　　　　　）などを求める方針を確認し、県内で春闘が行いました。

(2) 連合岡山は8万4千人の労働者が参加する県内最大労働組合の団体で、岡山市北区土山で開かれた（　　　　　　　　　　）には参加する労働組合から（　　　　　　　　）が集まりました。

(3) 集会では年齢や勤続年数にあわせた賃金があがる（　　　　　　　　）上で、（　　　　　　　　）賃金を引き上げることを求める方針を確認しました。

問題4　次の質問に答えなさい。

(1) 集会ではどんな方針を確認しました。

(2) 何人が今度の集会に参加しましたか。

三、豆知識

連合および国民春闘共闘の 2013 春闘構想の主な内容

- **＜連合＞**

すべての労働組合は賃上げ・労働条件の改善のために1％を目安に配分を求める取り組みを進める。

〇賃上げ要求
・賃金カーブを維持し、低下した賃金水準の中期的な復元・格差是正に向けた取り組みを徹底
・従来以上に個別年齢ポイントの賃金水準を重視

〇ワーク・ライフ・バランスの実現
・中期時短方針を踏まえた展開を継続
・過重労働対策

〇企業内最低賃金の取り組みの抜本強化
・未締結組合は協定化を要求し、すべての組合での協定化を図る
・産業の公正基準を担保するにふさわしい水準で協定

〇闘いの進め方
・共闘連絡会議のより一層の機能強化
・代表・中堅銘柄の整備・開示、中核組合の水準、カーブ維持分の開示
・非正規労働者の労働条件改善の取り組みでは、非正規共闘を強化し取り組みを展開
・中小の取り組みでは、月例賃金を重視し、賃金カーブ維持分と賃金引き上げ分（1％相当）を求めていく。

- **＜国民春闘共闘委員会＞**

〇賃金の改善、底上げ、格差是正を求める取り組み
・統一賃上げ要求目標と最低賃金改善要求目標を確認し産別統一闘争を軸とする要求の実現
・企業内最低賃金協約運動の強化
・均等待遇の実現

・全国一律最低賃金 1,000 円以上への着実な接近
〇解雇、失業に反対し、雇用の安定をめざす取り組み
・電機などのリストラ・合理化反対
〇労働時間改善など良質な雇用確保をめざす取り組み
〇消費税増税、TPP 参加阻止

単語

カーブ	曲线
ワーク	工作
リストラ	结构调整，产业重组

話題 14

寿 命

一、聞く前に

■ 国別平均寿命ランキング

- 2008年の統計のうち、平均寿命が80歳以上の国は日本、スイス、サンマリノ、オーストラリア、モナコ、アイスランド、イタリア、スウェーデン、スペイン、フランス、カナダ、アンドラ、イスラエル、シンガポール、ノルウェー、ニュージーランド、オーストリアの順で17か国である。
- 日本の平均寿命は82.6歳で世界一である。
- 女性の平均寿命は日本が85.99歳で世界一、2位中国香港85.4歳、3位フランス84.1歳と続く。
- 男性の平均寿命はアイスランドが79.4歳で世界一、2位中国香港79.3歳、3位日本79.19歳と続く。
- 平均寿命が最短なのは男性がシエラレオネ、女性がスワジランドである。

■ 最長寿命と寿命

最長の人間の寿命は、生没年月日が判明している者では、ジャンヌ・カルマンの122年164日が最長である。そのため、120年前後ではないかとする説もある。

単語

サンマリノ	圣马力诺
モナコ	摩纳哥
アンドラ	安道尔公国，位于西班牙和法国边境比利牛斯山脉中的内陆国家。
イスラエル	以色列

シエラレオネ　　　　　　　　　　　　　　　　　塞拉利昂
スワジランド　　　　　　　　　　　　　　　　　斯威士兰

二、聞きましょう

テーマ：福岡県の人口・高齢化率過去最高

問題1 A、B、C、Dの中から正しい答えを一つ選びなさい。

(1) 福岡県は人口に占める高齢者の割合は（　　）になった。とこれまでで最も高くなりました。

　　A 33.3%　　B 25.3%　　C 23.5%　　D 23.3%

問題2 文章の内容と合っているものに〇、ちがっているものに×をつけなさい。

(1) 福岡県の人口は、平成7年の調査開始以降、16年連続での増加でした。（　　）

(2) 人口が増えたのは福岡市で1万2821人です。（　　）

(3) 人口が減少したのは、北九州市で1613人です。（　　）

問題3 次の文を完成しなさい。

(1) 福岡県の人口は、（　　　　　　）現在、（　　　　　　）と過去最高となりました。

(2) 福岡県によりますと、去年10月1日現在の県の人口は、前の年より（　　　　　）増えて、（　　　　　　　）でした。

(3) また、人口に占める65歳以上の高齢者の割合は（　　　　　　　）と、前の年よりも（　　　　　　　　）増え、こちらも過去最高となりました。

問題4 次の質問に答えなさい。

(1) 福岡県の人口は今どのぐらいですか。

_____

(2) 福岡県で高齢者の割合はどのぐらいですか。

_____

三、豆知識

寿命伸長の可能性

　薬物摂取により、真に医学的に「寿命を延ばす」という事は、難しいと考えられてきた。しかし、2009年の研究で、抗生物質の一種であるラパマイシンにマウスの寿命を伸長させる作用があるとのデータが得られ、薬剤によって(既に高齢化している)動物個体の寿命を伸長させることができることがわかった。

　また、低カロリーの摂食は多くの動物の平均寿命と最長寿命を延ばすと言われている。栄養の不足は、細胞中でのDNA修復の増加した状態を引き起こし、休眠状態を維持し、新陳代謝を減少させ、ゲノムの不安定性を減少させて、寿命の延長を示すと言われている。

単語

　　マウス　　　　　　　　　　　　　　　　　　　鼠
　　ゲノム　　　　　　　　　　　　　　染色体组，基因组

話題 15
自殺

一、聞く前に

　2010年（平成22年）における日本の自殺率（人口10万人あたりの自殺者数）は24.9人で、総自殺者数は31690人である。これは同じ年の交通事故者数（4863人）の6.51倍に上り、その深刻さが伺える。

　また、前述の自殺率は諸外国のデータと比べても極めて大きい値で、日本の自殺率はアメリカ合衆国の自殺率の2倍に相当する（2002年）。主要国G8諸国、OECD加盟国、双方とも日本は上位となっている。なお、国別の自殺率でみると日本は4位で、日本以外の上位は旧社会主義国（旧ソ連）が占めている。特に男性中高年層では、自殺率の水準は世界でもトップレベルである。

　日本において自殺は主要な死因の一つであり、2006年（平成18年）度の場合、悪性新生物（癌の事。30.4%）、心疾患(16.0%)、脳血管疾患(11.8%)、肺炎(9.9%)、不慮の事故(3.5%)に次ぐ6位で、2.8%が自殺により死亡している。また、20代から30代にかけては死因のトップとなっており、2003年（平成15年）の場合、死亡者のうち15.8%(20代前半)、20.9%(20代後半)、22.8%(30代前半)、25.0%(30代後半)が自殺している。

単語

　　OECD　　　　　　　　　　　　　　　　　経济合作与发展组织

二、聞きましょう

テーマ：寿命延びるも自殺率全国上位

問題1 A、B、C、Dの中から正しい答えを一つ選びなさい。

(1) 平成22年の時点で、岩手県民は死因別では自殺で亡くなる確率が女性で全国（　　）位した。

　　A 1　　B 2　　C 3　　D 4

問題2 文章の内容と合っているものに〇、ちがっているものに×をつけなさい。

(1) 岩手県民の平均寿命は、男性が85.86歳で全国43位でした。（　　　）

(2) 5年前の平成17年に比べて、岩手県民の平均寿命は、女性が0.72歳延びています。（　　　）

(3) 自殺で死亡する確率は、秋田県は全国2位でした。（　　　）

問題3 次の文を完成しなさい。

(1) 死因別では自殺で亡くなる確率が男性で（　　　　）、女性で（　　　　）と極めて高い水準にあることが国の調査で分かりました。

(2) 岩手県民の平均寿命は、男性が（　　　　　）で全国45位、女性が85.86歳で（　　　　　）でした。

(3) 自殺で死亡する確率は、岩手県が男性は全国平均を0.76ポイント上回る（　　　　）となり、秋田県に次いで（　　　　　）、女性が全国平均を0.5ポイント上回る（　　　　　）で全国1位となっていて、自殺対策が課題となっています。

問題4 次の質問に答えなさい。

(1) 平成22年、岩手県の男性と女性の平均寿命はそれぞれ何歳ですか。

_____

(2) 岩手県の男性と女性の自殺率はそれぞれどのぐらいですか。

三、豆知識

自殺に至る原因と経過

　2010年の場合、自殺者の74.4%が遺書などにより動機が特定できるものの、残りの25.6%に対しては動機が不明である。

　動機が特定できたものの中では、2010年の場合、自殺の原因は「健康問題（=病気）」（15802人）、「経済・生活問題（=貧困）」（7438人）、「家庭問題」（4497人）、「勤務問題（=仕事・職場の人間関係）」（2590人）の順である。（遺書などから明らかに推定できる原因を各人3つまで計上）。「健康問題」は性差を問わずほぼ全ての年代で最たる理由である。しかし、40歳代および50歳代の男性の場合は「経済・生活問題」が一位で、二位の「健康問題」を凌駕しており、失業などの影響が伺える。

　1998年以降は「経済・生活問題」が急増しており、不況が自殺率に影響していることが推察される。

　一方、文部科学省によれば若年層の学生については、2004年度の場合、「厭世」、「父母等の叱責」、「精神障害」、「進路問題」、「学業問題」、「恋愛」の順となっており、未成年でも「健康問題」がトップである前述の資料とは大きく異なる。

　自殺に至る経過は有職者・失業者で異なり、有職者は配置転換や転職がきっかけになるのが多いのに対し、失業者は「失業→生活苦→多重債務→うつ→自殺」という経路を辿る事が多い。なお、雇用保険受給中の失業者の場合、離職日からの日にちには特に傾向はない。

　うつ病は自殺と強い関係に有り、自殺者305名の遺族に調査した結果、119名がうつ→自殺という経過を辿っていた。ただし、うつ病は自殺の根本要因ではなく、同調査は他の根本要因がうつを引き起こしている事を明らかにしている。同調査を元にした危険複合度の分析によれば、主な根本要因として「事業不振」、「職場環境の変化」、「過労」があり、それが「身体疾患」、「職場の人間関係」、「失業」、「負債」といった問題を引き起こし、そこから「家族の不和」、「生活苦」、「うつ病」を引き起こして、自殺にいたる。

　実際、失業問題は自殺との関係が深い。有効求人倍率と自殺率には強い負相関が存在し、従業員5人未満の零細企業の倒産件数は自殺率と強い正の相関が

ある。男性については所得の変動、負債、失業といった要因が自殺率に関係する。一方、女性の場合は失業と自殺の関係が見られない。

単語

うつ病　　　　　　　　　　　　　　　　　　　　　抑郁症

話題 16

いじめ

一、聞く前に

- いじめについて

文部科学省が在籍者児童・生徒の問題に関する調査で用いるいじめの定義は「子どもが一定の人間関係のある者から、心理的・物理的攻撃を受けたことにより、精神的な苦痛を感じているもの」で、「いじめか否かの判断は、いじめられた子どもの立場に立って行うよう徹底させる」としている。

これは 2007 年（平成 19 年）1 月 19 日以降の定義で、従来のいじめの定義では「自分より弱い者に対して一方的に、身体的・心理的攻撃を継続的に加え、相手が深刻な苦痛を感じているもの」としていた。

同年、具体的ないじめの種類については「パソコン・携帯電話での中傷」、「悪口」などが追加された。いじめの件数についても「発生件数」から「認知件数」に変更された。

また、教育再生会議の第一次報告に関連して、いじめを繰り返す児童・生徒に対する出席停止措置などの現在の法律で出来ることは教育委員会に通知するように、2007 年 1 月 22 日、安倍晋三首相が伊吹文明文部科学相に指示した。

二、聞きましょう

テーマ：いじめ自殺で常設機関設置へ大津

単語

大津（おおつ）	大津（滋賀県庁所在地）
フィクション	虚构，杜撰
寄りかかる（よりかかる）	靠着，依赖

問題1　A、B、C、Dの中から正しい答えを一つ選びなさい。

(1) 大津市の第三者委員会の報告書では、自殺した男子生徒が2人の同級生から（　　）件のいじめを受け、自殺の直接的な要因になったと結論づけました。

　A 18　　B 19　　C 20　　D 21

問題2　文章の内容と合っているものに〇、ちがっているものに×をつけなさい。

(1) 大津市で高校2年生の男子生徒が自殺した。（　　）

(2) 今後の課題として、すべての教師を対象に研修を実施することや子どもが救済を求めることができる第三者機関の設置が必要だと提言しました。（　　）

問題3　次の文を完成しなさい。

(1) 大津市で（＿＿＿＿＿＿＿＿）の男子生徒が自殺した問題を受けて、31日、（＿＿＿＿＿＿＿＿）は、いじめが自殺の直接的な要因になったとする報告書を公表しました。

(2) 公表された大津市の第三者委員会の報告書では、自殺した男子生徒が（＿＿＿＿＿＿＿＿）から（＿＿＿＿＿＿＿＿＿＿＿＿）、（＿＿＿＿＿＿＿＿）などのいじめを受け、自殺の直接的な要因になったと結論づけました。

問題4　次の質問に答えなさい。

(1) 自殺した男子生徒がどんないじめを受けたのですか。

_____

(2) 学校はなぜいじめを隠そうとしたのですか。

_____

三、豆知識

いじめの様態別認知件数（文部科学省、平成19年度、複数回答あり）

	小学校 総数	小学校 構成比	中学校 総数	中学校 構成比	高等学校 総数	高等学校 構成比	特別支援学校 総数	特別支援学校 構成比	合計 総数	合計 構成比
冷やかしやからかい、悪口や脅し文句、嫌なことを言われる。	32,110	65.7	28,061	64.5	4,646	55.6	194	56.9	65,011	64.3
仲間はずれ、集団による無視をされる。	11,896	24.3	9,489	21.8	1,455	17.4	56	16.4	22,896	22.6
軽くぶつかられたり、遊ぶふりをして叩かれたり、蹴られたりする。	9,980	20.4	7,120	16.4	1,712	20.5	64	18.8	18,876	18.7
ひどくぶつかられたり、叩かれたり、蹴られたりする。	2,317	4.7	2,525	5.8	737	8.8	27	7.9	5,606	5.5
金品をたかられる。	764	1.6	1,369	3.1	498	6.0	12	3.5	2,643	2.6
金品を隠されたり、盗まれたり、壊されたり、捨てられたりする。	3,254	6.7	3,448	7.9	671	8.0	32	9.4	7,405	7.3
嫌なことや恥ずかしいこと、危険なことをされたり、させられたりする。	2,854	5.8	2,636	6.1	795	9.5	30	8.8	6,315	6.2
パソコンや携帯電話等で、誹謗中傷や嫌なことをされる。	534	1.1	3,633	8.4	1,701	20.4	25	7.3	5,893	5.8
その他	1,980	4.0	1,317	3.0	388	4.6	19	5.6	3,704	3.7

単語

からかい	戏弄，调戏
冷やかし	冷嘲热讽
金品（きんぴん）	财物
誹謗（ひぼう）	诽谤

話題 17

痴漢

女性専用車

一、聞く前に

　痴漢（ちかん）とは、公共の場所で相手に羞恥心を抱かせ、不安にさせる行為を行う者もしくは行為そのものをいう。日本独特の不法行為であり、法に抵触する場合は少なく、主に迷惑防止条例などで罰する。具体的定義が法的に存在しない。痴漢は男性（漢）が女性に行うものとされ、女性の場合は痴女と言う。

　2008年の警視庁による統計では、迷惑防止条例による卑わい行為にあたる件数だけで2000を超えている。また、2004年の公明党の調査では、20代から30代までの女性の6割位が痴漢被害を受けているとのアンケートの結果が出ている。

　近年では痴漢冤罪が問題になることも多い。『それでもボクはやってない』という痴漢冤罪をテーマにした映画は話題になり、多数の映画賞を受賞した。

単語

羞恥心（しゅうちしん）　　　　　　　　　　　　　　　　　　　　　羞恥心

卑わい（ひわい）	猥亵
公明党（こうめいとう）	日本政党之一，创价学会的政治团体，奉行拥护宪法、建设福利社会、确立自主外交等的稳健政治。
冤罪（えんざい）	冤罪，冤枉的罪名

二、聞きましょう

テーマ："痴漢など防止を"街頭で啓発

単語

痴漢（ちかん）	流氓，色狼
注意を呼びかける	提醒注意
防犯ブザー（ぼうはんブザー）	报警器
懐中電灯（かいちゅうでんとう）	手电筒

問題1 A、B、C、Dの中から正しい答えを一つ選びなさい。

(1) 大津市のJR瀬田駅前では警察官などおよそ（　）人が通勤や通学途中の女性にチラシを配り、注意を呼びかけました。

　　A 10　　B 15　　C 20　　D 25

問題2 文章の内容と合っているものに〇、ちがっているものに×をつけなさい。

(1) 女性を狙った痴漢などを防ごうと、大津市で、けさ、警察官などが街頭で注意を呼びかけました。（　　）

(2) 近くでは小型の懐中電灯の有料貸し出しを試験的に始めました。（　　）

(3) 滋賀県内では女性を狙った性犯罪が増える傾向があるということです。（　　）

問題3 次の文を完成しなさい。

(1) (_____)を狙った痴漢などを防ごうと、大津市で、けさ、警

察官などが街頭で（_____）。

(2) 駅から帰宅する人が多く立ち寄るＪＲ瀬田駅近くの（_____）では警察からの要請を受け、（_____）や（_____）の無料貸し出しを試験的に始めました。

(3) 大津市のＪＲ瀬田駅前では（_____）が通勤や通学途中の女性に（_____）などと書かれたチラシを配り、注意を呼びかけました。

問題4 次の質問に答えなさい。

(1) 警察官は痴漢などを防ぐために、何をしましたか。

_____

(2) コンビニエンスストアでは警察からの要請を受け、何を試験的に始めましたか。

_____

三、豆知識

世界の諸国との犯罪発生率の比較

UNODCの統計によると、国連加盟192国のうち犯罪と刑事司法の統計をUNODCに報告している国の中で、日本は殺人、誘拐、強姦、強盗などの暴力犯罪の発生率は著しく低く、治安がよい国である（国の規模や質には大きな差があるので、国別の単純比較は比較対照として適切でない場合もあるが、日本は先進国である西欧・北欧諸国よりも暴力犯罪の発生率が低い。）

日本の治安の良さは、国民レベルでの遵法意識の高さもさることながら、**警察組織が国民生活に密接なところで活動しているという事情が反映されている**という有力な見解があることも事実である。

また、日本では警察が把握する刑法犯の数は戦後最悪となった2002年以降、年々減少しており、2012年では2002年と比較して半減している。殺人件数にいたっては、2012年は戦後最少となっている。

単語

UNODC	联合国毒品和犯罪问题办事处
強姦（ごうかん）	强奸

三 スポーツと伝統芸能

話題 18

歌舞伎

櫓揚げ

一、聞く前に

　歌舞伎（かぶき）は、日本固有の演劇で、伝統芸能の一つで、無形文化財（1965年4月20日指定）と世界無形遺産（2009年9月登録）である。

　戦後の全盛期を迎えた1960年代－1970年代には次々と新しい動きが起こる。特に明治以降、軽視されがちだった歌舞伎本来の様式が重要だという認識が広がった。昭和40年（1965年）に芸能としての歌舞伎が重要無形文化財に指定され（保持者として伝統歌舞伎保存会の構成員を総合認定）、国立劇場が開場し、復活狂言の通し上演などの興行が成功する。その後大阪には映画館を改装した大阪松竹座、福岡には博多座が開場し歌舞伎の興行はさらに充実さを増す。さらに、三代目市川猿之助は復活狂言を精力的に上演し、その中では一時は蔑まれたケレンの要素が復活された。猿之助はさらに演劇形式としての歌舞伎を模索し、スーパー歌舞伎というより大胆な演出を強調した歌舞伎を創り出した。また近年では、十八代目中村勘三郎によるコクーン歌舞伎、平成中村座の公演、四代目坂田藤十郎などによる関西歌舞伎の復興などが目を引くようになった。また歌舞伎の演出にも蜷川幸雄や野田秀樹といった現代劇の演出家

が迎えられるなど、新しいかたちの歌舞伎を模索する動きが盛んになっている現代の歌舞伎公演は、劇場設備などをとっても、江戸時代のそれと全く同じではない。その中で長い伝統を持つ歌舞伎の演劇様式を核に据えながら、現代的な演劇として上演していく試みが続いている。このような公演活動を通じて、歌舞伎は現代に生きる伝統芸能としての評価を得るに至っている。

　歌舞伎は、ユネスコ無形文化遺産保護条約の発効以前の2005年（平成17年）に「傑作の宣言」がなされ、「人類の無形文化遺産の代表的な一覧表」に掲載され、世界無形遺産に登録されることが事実上確定していたが、2009年（平成21年）9月の第1回登録で正式に登録された。

単語

ユネスコ	联合国教科文组织

二、聞きましょう

テーマ：新しい歌舞伎座で「櫓揚げ」

単語

櫓揚げ（やぐらあげ）	开始演出
櫓（やぐら）	（日本江户时代放在剧场正面入口处上方的）许可证牌，表示政府允许营业
とび職（とびしょく）	高空作业修建工
ワイヤー	铁丝

問題1　A、B、C、Dの中から正しい答えを一つ選びなさい。

（1）新しい歌舞伎座が（　　）東京銀座に開場する。

　　　A あした　　B 来週　　C 来月　　D 来年

問題2　文章の内容と合っているものに○、ちがっているものに×をつけなさい。

（1）作業責任者の石津弘之さんはことし48歳です。（　　）

（2）石津弘之さんはよく歌舞伎座の責任者を務めます。（　　）

(3) 新しい歌舞伎座会場前にシンボルの鳳凰が櫓に上がりました。（　　）

問題3　次の文を完成しなさい。

(1) この作業は（　　　　　　　）がずっと担ってきました。（　　　　　）の石津弘之さん、58歳、今回は初めて歌舞伎座の責任者を務めます。

(2) そのため、これまでと違って、（　　　　　）でしっかり固定、安全性を高めました。石津の仕事ぶりを（　　　　　）が見守っていました。

問題4　次の質問に答えなさい。

(1) 新しい歌舞伎座のシンボルは何ですか。
_____

(2) 「櫓」とは何ですか。
_____

三、豆知識

歌舞伎狂言

　現在に伝わる江戸時代に創作された歌舞伎狂言の演目は、人形浄瑠璃の演目を書き換えたものと、歌舞伎狂言として創作されたものに大別される。人形浄瑠璃の演目を書き換えたものは、丸本物・義太夫物・義太夫狂言などと呼ばれる。一方、歌舞伎狂言として創作されたものは、純歌舞伎と呼ばれる。
　内容としては、時代物と世話物に大別される。時代物とは、江戸時代より前の時代に起きた史実を下敷きとした実録風の作品や、江戸時代に公家・武家・僧侶階級に起きた事件を中世以前に仮託した作品をいう。一方、世話物とは、江戸時代の市井の世相を描写した作品をいう。
　また歌舞伎には世界と呼ばれる類型がある。これは物語が展開する上での時代・場所・背景・人物などの設定を、観客の誰もが知っているような伝説や物語あるいは歴史上の事件などの大枠に求めたもので、「曾我物」、「景清物」、「隅田川物」、「義経物（判官物）」、「太平記物」、「忠臣蔵物」などといった世界には、それぞれ特有の約束ごとが設定されている。観客はそうした世界の中で狂言作者がどのように物語を展開させるかを楽しむようになった。

単語

世話物（せわもの）	以江户时代各个时期的世态为背景，写实性地描写恋爱、道义、人情等纠葛的作品的总称。
時代物（じだいもの）	取材于江户时代以前的历史人物或事件的歌舞伎、净琉璃作品
仮託（かたく）	假托

話題 19

茶道

茶を点てる様子 　　　千利休像 　　　広間の茶室

一、聞く前に

　茶道（さどう、ちゃどう）とは、湯を沸かし、茶を点（た）て、茶を振る舞う行為で、また、それを基本とした様式と芸道のことである。

　主客の一体感を旨とし、茶碗に始まる茶道具や茶室の床の間にかける禅語などの掛け物は個々の美術品である以上に全体を構成する要素として一体となり、茶事として進行するその時間自体が総合芸術とされる。

　現在一般に、茶道といえば抹茶を用いる茶道のことだが、江戸期に成立した煎茶を用いる煎茶道も含む。

- **茶事**

　茶事とは少人数のあらかじめ招待された客を対象にして亭主が行う密接な茶会である。昼食として懐石を供してから茶をふるまう正午の茶事が最も基本的な形とされるが、趣向によって夏場の涼しい時間に行う「朝の茶事」、秋冬の長い夜をゆっくりと過ごす「夜咄し」などの茶事も行われることもある。趣向によって、屋外を茶室に見立てる野点（のだて）や、テーブル・椅子を用い

る立礼（りゅうれい）の茶事も行われる。
- 大寄せ

　大寄せの茶会とは、多数の客を対象にして行う茶会である。炭手前・懐石は省略されることもあり、道具の拝見を省略することも多い。催事の添え釜として行われることもあり、複数の茶席を設けて並行してもてなすこともある。客としてはもっとも気軽な催しの一つだが、亭主としては晴れがましい披露の場でもある。

- 献上茶事

　献茶とも呼ぶ。神社仏閣寺院の御前で行う茶事。貴人茶碗で神仏へ茶を奉じる。茶席は別に用意されており、お守りやお札を渡す場合もある。

- 口切り茶事

　10月末〜11月初旬に家元で行う年初めの茶事、5月に摘んだ茶葉を茶壺にいれ、保管した壺の封を切り臼を廻して抹茶にする。篩にかけ濃茶薄茶の味をみる茶事で、流派の1年を占う重要な茶事となる。

単語

禅語（ぜんご）	禅语
野点（のだて）	野外点茶
炭手前（すみてまえ）	添碳礼法。茶道中向茶炉或风炉里加碳的仪式、礼法
晴れがましい（はれがましい）	隆重，豪华

二、聞きましょう

　　　　　テーマ：茶せん供養

単語

千利休（せんのりきゅう）	桃山时代的茶人，千家派茶道的始祖
偲ぶ（しのぶ）	思念，怀念，缅怀
茶せん（ちゃせん）	茶刷。圆筒竹刷。茶道用具之一。用于搅和粉茶
供養（くよう）	祈福，冥福
営む（いとなむ）	运营，举办
裏千家（うらせんけ）	茶道流派之一

掛け軸（かけじく）　　　　　　　　　　　　　　　　挂的字画
寒ツバキ　　　　　　　　　　　　　　　　　　　小叶山茶。寒山茶。

問題1　A、B、C、Dの中から正しい答えを一つ選びなさい。

(1) 今日は、茶の愛好家およそ（　　）人が集まりました。

　　　A 50　　B 100　　C 150　　D 200

問題2　文章の内容と合っているものに〇、ちがっているものに×をつけなさい。

(1) 毎年、津山市小田中の聖徳寺で壊れて使えなくなった茶道具の「茶せん供養」を営んでいます。（　　）

(2) 寺の本堂には祭壇が設けられ、その前には茶席に花をそえた利休にならって、ウメなどが飾られました。（　　）

問題3　次の文を完成しなさい。

(1) 津山市の裏千家津山支部は千利休が亡くなったとされる（　　　　　　）ごろに、毎年、津山市小田中の（　　　　　　　　）で壊れて使えなくなった（　　　　　　　　）の「茶せん供養」を営んでいます。

(2) 3日は、茶の愛好家（　　　　　　　　　　　　）が集まり、寺の本堂には（　　　　　　　　　）を描いた掛け軸を掛けた祭壇が設けられ、その横には茶席に花をそえた利休にならって（　　　　　　　　　　　）やうめなどが飾られました。

(3) そのあと、参加者が持ち寄った先が折れたり、壊れたりして使えなくなった（　　　　　　　　　　　）およそ（　　　　　　　　　　）に住職の読経に合わせて火がつけられました。

問題4　次の質問に答えなさい。

(1)「茶せん供養」というのは何のことですか。

(2) 今回の茶せん供養で、壊れたりして使えなくなった茶道具の茶せんおよそ何本に火がつけられましたか。

三、豆知識

千利休

　千利休（せんのりきゅう、大永2年（1522年）—天正19年2月28日（1591年4月21日））は、戦国時代から安土桃山時代にかけての商人、茶人。

　わび茶（草庵の茶）の完成者として知られ、茶聖とも称せられる。また、今井宗久・津田宗及と共に茶湯の天下三宗匠と称せられた。

　利休はさまざまな新しい試みを茶道に持ち込んだ。楽をはじめとする職人を指導して好みの道具を作らせるとともに、みずからも茶室の設計、花入・茶杓の製作など道具の製作にも熱心であった。紹鴎の時代にあってもまだ煩雑であった茶会の形式をさらに簡略化するとともに、侘び道具を製作・プロデュースして、多くの支持者・後継者に恵まれたことが、利休を侘び茶の完成者と言わしめる由縁である。

単語

紹鴎（じょうおう）　　　　　　　　武野紹鴎。室町末期的茶匠、富商
プロデュース　　　　　　　　　　　　　　　　　生産，制作

話題 20

花道

華道古典生花 上旬の月 月光筒　　　　華道の伝統的様式

一、聞く前に

　花道は「華道」とも表記し、またいけばな（生け花、活花、挿花）とも呼ばれる。ただし華道という呼称は「いけばな」よりも求道的意味合いが強調されている。華道にはさまざまな流派があり、様式・技法は各流派によって異なる。華道は日本発祥の芸術ではあるが、現代では国際的に拡がってきている。欧米のフラワーデザインは、3次元のどこから見ても統一したフォルムが感じられるように生けるとされる。華道の場合、鑑賞する見る方向を正面と定めている流派も多くあるが、3次元の空間を2次元で最大限に表す流派もある。また華道は色鮮やかな花だけでなく、枝ぶりや木の幹の形状、葉や苔となどすべてを花材とし鑑賞する点でも、海外のアレンジの概念とは一線を画している。

- ■ 歴史

花道の発祥は仏教伝来に際し花を献じる供花に由来するという説が有力である。また、一輪挿しなどに挿した花を愛でる習慣は古くは平安時代あたりまで

遡り、例えば『枕草子』などの文献史料からたどることができる。当初は既存の器を利用していたが、後に専用の花器が製作されるようになった。

　花道の確立は室町時代中期、京都六角堂の僧侶によるものとされる。僧侶は代々池のほとりに居住していたことから「池坊（いけのぼう）」と呼ばれていた。そうした呼び名がのちに流派の名前となる。家元、宗家らによって江戸時代中期にかけて立花（たちばな、りっか；「立華」とも書く）と呼ばれる型が大成されていった。　その後江戸中期から後期になると、華道はそれまでの上流階級・武家階級のものから広く庶民のたしなみへと変化し、生花（しょうか、せいか）を中心に広く愛さるようになった。

　今日の花道と言えば、江戸時代後期文化文政の時代に流行した生花、挿花のことを指すことが多い。とくに江戸後期に大流行した曲生けと呼ばれた遠州流系では技巧の達人・名手が多く登場し、意匠を凝らした銅の花器や厳選された木材と職人技の塗り花台などとともに数寄者がこぞって花を生け、今もその意匠・デザインは引き継がれていることも多い。また関西では未生流系、東日本では古流系などの流派から多くの流派に分かれていくきっかけとなる。

　江戸末期から明治初期の頃、世界的なジャポニスムにより華道・生け花が欧州に紹介され、ヨーロッパのフラワーデザインにラインアレンジメントの手法として影響を与えた。国内ではやがて花姿は時代の流れに即し、なげいれ花、盛り花（もりばな）などさまざまな型が編み出された。また異種花材として植物以外のあらゆる材料も「花材」として盛んに取り入れられている。

単語

フラワーデザイン	鲜花装饰
フォルム	形式，构造，形态
アレンジ	整理，排列；计划，安排；改编曲

二、聞きましょう

テーマ：生け花各流派の作品展

単語

色とりどり（いろとりどり）	各种各样的颜色
ツバキ	山茶花
息吹（いぶき）	气息，呼吸

問題1　A、B、C、Dの中から正しい答えを一つ選びなさい。

(1) 展示会は、下関市にある（　　）の生け花の流派で作る下関市いけばな連合会が開いたものです。

　　A 10　B 11　C 12　D 13

問題2　文章の内容と合っているものに〇、ちがっているものに×をつけなさい。

(1) 小原流の西岡豊弘さんの作品は、本格的な秋の訪れを感じさせます。（　　　）

(2) この生け花展は、今月20日まで下関大丸で開かれています。（　　　）

問題3　次の文を完成しなさい。

(1) この展示会は、下関市にある（　　　　　　　　　　）で作る下関市いけばな連合会が開いたもので、会場には（　　　　　　　）が展示されています。

(2) 自然の花はやっぱ（　　　　　　）し、（　　　　　　　　　）ということで、（　　　　　　　　）を感じていただいたらいいようなと感じます。

問題4　次の質問に答えなさい。

(1) この展示会は、だれによって開かれたのですか。

_____

(2) この生け花展は、何日まで開かれていますか。

_____

三、豆知識

花材取り合わせの考え方

　花の色や質感、季節を考慮して組み合わせる事を「花材の取り合わせ」という。流派によって細やかに定めを規定しているが、基本的には主材、配材に区分し、主材には夏ハゼなど「木もの」、配材には菊やハランなど「花もの」に加えて「葉もの」を充てる。しかし、いけばなでは季節感が重要で、夏ハゼは春から秋の三期に使うため季節を特定するのは難しい。また、菊やハランも現在では四季に出回る。そのため、この組み合わせでは春の作品なのか秋なのか、季節を感じさせない懸念が残る。ところが、夏ハゼに新芽の初々しい姿があれば春らしさが強調されるであろう。また、葉が紅葉していればおのずと秋らしく感じる。また、菊も春菊、夏菊、秋菊、寒菊と云うように四季感のある種類を使えば問題なく季節を思い起こさせる。このように季節を意識した視野で素材を捉えると、同じ花材でも訴える力は随分変わる。ただ、いけばなでは季節重視だけではなく、造型重視や色彩本位の構成があり、素材の組み合わせは作品のねらいやモチーフで異なる。このことから、自然調（和風趣向）と造型（現代花、洋風趣向）とに大分され、構成の仕方で取り合わせを考える。一方、流派の定める古典花（伝統花）は完成された伝承いけばなである。したがって素材の組み合わせだけでなく、いけ方、考え方には厳しく定めがあり、自由な解釈による創作は一般にはされない。

単語

　　ハラン　　　　　　　　　　　　　　　　　　　　一叶兰

話題 21

剣道

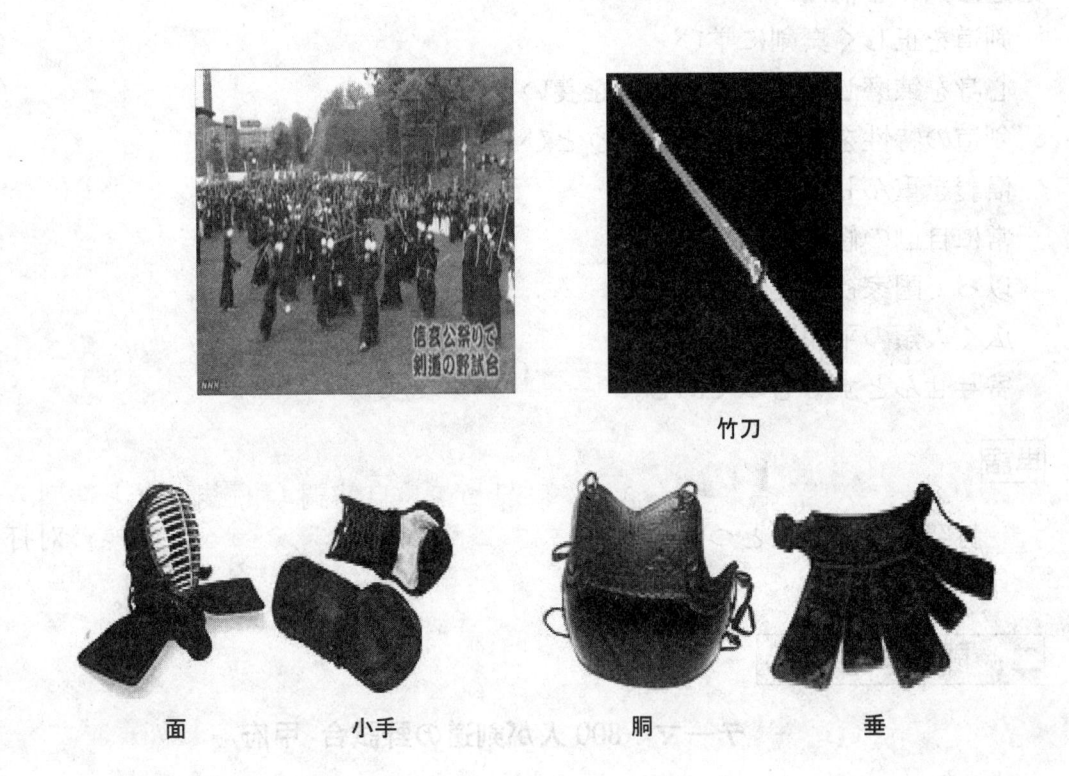

竹刀

面　　小手　　胴　　垂

一、聞く前に

　古武道の剣術のうち江戸時代後期に発達した防具着用の竹刀（しない）稽古撃剣（げきけん）を直接の起源とする。江戸時代末期幕末には流派を超えて広く試合が行われるようになった。明治時代以降に大日本武徳会が試合規則を定め競技として成立した。複数の流派が集まって成立したため、柔道の嘉納治五郎のような特定の創始者は存在しない。太平洋戦争後に大日本武徳会は解散し、その後発足した全日本剣道連盟が事業を継承している。

　現代の剣道は事実上のスポーツとみられているが、全日本剣道連盟は「剣道は剣道具を着用し、竹刀を用いて一対一で打突しあう運動競技種目とみられま

すが、稽古を続けることによって心身を鍛錬し人間形成を目指す「武道」です。」としている。

　全日本剣道連盟は、昭和50年（1975年）3月20日に『剣道の理念』、『剣道修錬の心構え』を制定した。

剣道の理念
　剣道は剣の理法の修錬による人間形成の道である

剣道修錬の心構え
　剣道を正しく真剣に学び
　心身を錬磨して旺盛なる気力を養い
　剣道の特性を通じて礼節をとうとび
　信義を重んじ誠を尽して
　常に自己の修養に努め
　以って国家社会を愛して
　広く人類の平和繁栄に
　寄与せんとするものである。

|単語|

　　打突しあう（だとつしあう）　　　　　　　　　　　　　対打

二、聞きましょう

テーマ：800人が剣道の野試合　甲府

|単語|

　　命日（めいにち）　　　　　　　　　　　　　　　　　　忌日
　　武田信玄（たけだしんげん）　　　　　日本战国时代的武将，与越后
　　　　　　　　　　　　　　　　　　国的上杉谦信在川中岛展开激战
　　偲ぶ（しのぶ）　　　　　　　　　　　　　　　　追忆，缅怀
　　目がける（めがける）　　　　　　　　　　　　瞄准，对准目标

問題1　A、B、C、Dの中から正しい答えを一つ選びなさい。

（1）4月12日の命日を前に、（　　）人の子どもたちが一斉に戦う剣道の野試合が行われました。

A 500　　B 600　　C 700　　D 800

問題2　文章の内容と合っているものに〇、ちがっているものに×をつけなさい。

(1) 6歳から18歳までの子どもたちが二手に分かれて、向き合いました。
　（　　）

(2) 剣道の野試合が、横浜市で行われました。（　　）

問題3　次の文を完成しなさい。

(1) （＿＿＿＿＿＿）を前に、武田信玄をしのぶ祭りのイベントの1つで、（＿＿＿＿＿＿）が一斉に戦う剣道の野試合が、甲府市で行われました。

(2) （＿＿＿＿＿＿）の子どもたちが二手に分かれて、それぞれの面に（＿＿＿＿＿＿）を付けて向き合いました。

(3) （＿＿＿＿＿＿）の掛け声とともに一斉に駆け寄って、（＿＿＿＿）を目がけて、竹刀を振り下ろしました。

問題4　次の質問に答えなさい。

(1) 甲府市でどんなイベントが行われましたか。

＿＿＿＿＿＿＿＿＿＿＿＿＿＿＿＿＿＿＿＿＿＿＿＿＿＿＿＿＿＿＿

(2) 子どもたちが、それぞれの面に何を付けて向き合いましたか。

＿＿＿＿＿＿＿＿＿＿＿＿＿＿＿＿＿＿＿＿＿＿＿＿＿＿＿＿＿＿＿

三、豆知識

剣道の国際化

　戦前には、日本人が移民したアメリカ、ブラジルや、日本が統治した朝鮮、台湾地域等で剣道が稽古されていたが、国際的なものではなかった。

　昭和45年（1970年）、剣道の国際競技団体として国際剣道連盟が発足し、同年に第1回世界剣道選手権大会が開催された。以来3年に1度開催されている。第1回の参加国は17国であったが、近年は40国前後まで増えている。た

だし多くの国では剣道具や指導者が行き渡っておらず、世界剣道選手権大会も国により実力の格差が大きい。

　剣道の国際化にともない、剣道をオリンピック種目にしようという意見が発生した。これに対し全日本剣道連盟は、剣道がオリンピック種目になれば勝利至上主義や商業主義に陥り、剣道の持つ武道的特性が失われるとして、現在まで反対の立場をとっている。また、剣道は有効打突の判定基準が曖昧で、国際競技の場では特に審判が難しい問題もある。

　近年問題となっているのが、韓国のコムド関係者による剣道の起源剽窃（ひょうせつ）問題（韓国起源説）である。「剣道の起源は日本ではなく韓国である」との、歴史を捏造（ねつぞう）した主張がインターネット等で繰り返され、全日本剣道連盟は公式ウェブサイトにおいて、剣道の起源は日本であるとの声明を発表し、遺憾の意を示している。

　2001年に韓国で結成された世界剣道連盟は、役員にテコンドー関係者が多く、剣道（コムド）をテコンドーにならい、オリンピック種目にすることを目指している。このような状況から、近年の日本では剣道のオリンピック参入の是非とコムド問題が合わせて論じられることもある。国際剣道連盟が国際オリンピック委員会（IOC）傘下（さんか）のGAISF（現スポーツアコード）に加盟したのは、世界剣道連盟がGAISFに加盟する手続きを取ったため、国際剣道連盟が本当の剣道の国際競技団体であることを公式に認めてもらうために加盟したともいわれている。

単語

テコンドー	跆拳道
アコード	協定

話題 22

すもう

一、聞く前に

■ すもうについて

　相撲は日本固有の宗教である神道に基づいた神事であり、日本国内各地で「祭り」として「奉納相撲」が地域住民により、現在も行われている。健康と力に恵まれた男性が神前にてその力を尽くし、神々に敬意と感謝を示す行為とされる。そのため、礼儀作法が非常に重視され、その一環として力士はまわし以外は身につけない。その名残は現代の興行形式である大相撲にも見られる。また、古代から現代に至るまで皇室との縁は深い。

　他方で、格闘技として見れば、裸身（に極めて近い状態）で道具を用いず、つかみ合い、相手の体を倒しあうことを競うレスリング系統の競技である。英語では「Sumo（スモウ）」または「Sumo-Wrestling（スモウ・レスリング）」と表記される。類似の格闘技の中では、特に常に前に出て押すことを重視するところに特徴がある。

単語

奉納相撲（ほうのうずもう）　　　　　祭祀神佛时举行的相扑比赛
まわし　　　　　　　　　　　　　　相扑力士比赛时穿的兜裆布

つかみ合い　　　　　　　　　　　　　　　　互相扭打
レスリング　　　　　　　　　　　　　　　　摔跤

二、聞きましょう

テーマ：丸亀の大相撲巡業で調印式

単語

丸亀市（まるがめし）	香川県北部瀕临瀬戸内海的市
十両（じゅうりょう）	相扑力士等级榜上，居幕内力士之下、幕下之上的位置。享受关取待遇。
立会人（たちあいにん）	见证人，证明人
禁じ手（きんじて）	相扑运动中禁止使用的招数
おもしろおかしい	滑稽可笑
しょっきり	作为相扑表演赛或巡回演出余兴表演的滑稽性比赛
わんぱく	淘气包，淘气鬼
番付（ばんづけ）	排行榜，节目单
しだい	顺序，次序

問題1　A、B、C、Dの中から正しい答えを一つ選びなさい。

(1) 大相撲の地方巡業が、ことし（　）に丸亀市で開かれることになりました。

　　A 8月　　B 9月　　C 10月　　D 11月

問題2　文章の内容と合っているものに〇、ちがっているものに×をつけなさい。

(1) 丸亀市での地方巡業は、十両の琴勇輝が市内の小学校を卒業していることなどから21年ぶりに行われることになりました。（　）

(2) 今日は、日本相撲協会巡業部の佐渡ヶ嶽親方が丸亀市役所を訪れました。（　）

(3) 新十両の希善龍も番付しだいで参加するということです。（　）

問題3 次の文を完成しなさい。

(1) 大相撲の（＿＿＿＿＿＿）が、ことし10月に丸亀市で開かれることになり、今日、市役所で（＿＿＿＿＿＿＿＿）。

(2) 巡業は、ことし（＿＿＿＿＿＿＿）に丸亀市民体育館で開かれ、（＿＿＿＿＿＿）をはじめとする力士たちの迫力ある取組みや公開稽古が行われます。

(3) 力士が（＿＿＿＿＿＿）をおもしろおかしく紹介する「しょっきり」や子どもたちが（＿＿＿＿＿＿＿）「わんぱく相撲」など巡業ならではの催しも予定されています。

問題4 次の質問に答えなさい。

(1) 丸亀市での巡業はいつどこで行われますか。
_____

(2) 丸亀市での巡業ではどんな催しが予定されていますか。
_____

三、豆知識

大相撲

　プロ興行としての大相撲では、公式戦（技量を査定し、待遇（地位と給与）を決める性質がある）である本場所は年間6回行われる。

　本場所のない時期には、地方巡業を行う。本場所の回数の少なかった時代には、各部屋や一門別に巡業をしていたが、年間6場所制が確立した以後は、協会が管理して行われるようになった。この巡業での収入が、協会や各部屋にとっても大きな位置を占めていたので、明治から大正・昭和初期にかけての力士の待遇改善の要求には、巡業収入の配分の明朗化がスローガンとして掲げられることが多かった。

開催月	正式名称	通称	開催場所
1月	一月場所	初場所	両国国技館
3月	三月場所	春場所	大阪府立体育会館
5月	五月場所	夏場所	両国国技館
7月	七月場所	名古屋場所	愛知県体育館
9月	九月場所	秋場所	両国国技館
11月	十一月場所	九州場所	福岡国際センター

単語

スローガン　　　　　　　　　　　　　　　　　　　　　标语，口号

話題 23

野球

打者のスイングとミートの瞬間　　　三塁への盗塁

一、聞く前に

- 「日本野球」の実力

野球日本代表は世界大会で度々好成績を残している。1996年のアトランタオリンピックでは準優勝、2006年と2009年のWBCでは優勝した。アマチュアレベルでもIBAFインターコンチネンタルカップで2回の優勝と5回の準優勝をしている。メジャーリーグベースボールでは野茂英雄やイチローその他の日本人選手が活躍している。

- チーム編成

1チームは選手9人（指名打者制を採る場合は10人）と監督、コーチなどで編成される。試合にはそれ以外にも控え選手がおり、プロ野球では16人、高校野球では9人まで控えとして途中からの試合出場ができる。しかし、一度交代した選手はその試合中は再び試合に出ることはできない。ただし、交代せずにポジションを変えることは可能である。

単語

アトランタ　　　　　　　　　　　　　　　　　　亜特兰大
メジャーリーグベースボール　　　　　　　　美国职业棒球大联盟
ポジション　　　　　　　　　　　　　　　　　　　防守位置

二、聞きましょう

テーマ：大谷投手が花巻東の卒業式

単語

大谷翔平（おおたにしょうへい）　　　大谷翔平，岩手县人，职业棒球手
花巻東（はなまきひがし）　　　　　　　花巻东高中，岩手县私立高中
野手（やしゅ）　　　　　　　　　　　　　　　　　　　　　　　　守场员
１軍（いちぐん）　　　　　　　　　　　　　正式队，正式参赛队
久々（ひさびさ）　　　　　　　　　　　　　　　　　　久别，隔了好久
詰めかける（つめかける）　　　　　　　　　　　　　　　　蜂拥而至

問題1　A、B、C、Dの中から正しい答えを一つ選びなさい。

(1)　花巻東高校の卒業式は午前（　　　）時から始まりました。

　　　A 8　　B 9　　C 10　　D 11

問題2　文章の内容と合っているものに〇、ちがっているものに×をつけなさい。

(1) 卒業式では大谷投手が去年、20歳以下の日本野球選手権大会に出場しました。（　　　　　）

(2) 花巻東高校の卒業式で大谷投手は少し緊張しました。（　　　　　）

問題3 次の文を完成しなさい。

（1）（＿＿＿＿＿＿＿＿＿＿）を両立する「二刀流」に挑戦している新人、大谷翔平投手が（＿＿＿＿＿＿＿＿＿）、花巻東高校の卒業式に出席し、「1日も早く1軍で活躍する姿をみんなに見せたいです」と活躍を誓っていました。

（2）式では大谷投手が去年、（＿＿＿＿＿＿＿＿＿＿＿）に出場するなど、多くの人に感動を与えたとして、（＿＿＿＿＿＿＿＿＿＿）として表彰されました。

問題4 次の質問に答えなさい。

（1）花巻東高校の卒業式は何時からでしたか。
＿＿＿＿＿＿＿＿＿＿＿＿＿＿＿＿＿＿＿＿＿＿＿＿＿＿＿＿＿＿

（2）大谷投手が何と表彰されましたか。
＿＿＿＿＿＿＿＿＿＿＿＿＿＿＿＿＿＿＿＿＿＿＿＿＿＿＿＿＿＿

三、豆知識

　日本における野球は、実際に参加するスポーツというよりは、観戦スポーツとして楽しむ人が多い傾向にある。レジャー白書2005によると、2004年時点の「野球・ソフトボール用品」に対する出費は、990億円である。「球技スポーツ用品」に対する出費6640億円の15%を占めている。

　「クラブ・同好会」の形で楽しむスポーツとしては一定の地位を占めている。内閣府による「体力・スポーツに関する世論調査」（2007年2月調査）では、クラブ・同好会に加入している男性のうち、22.7%が野球クラブ・同好会に加入しており、2位のゴルフ、5位テニスよりも多い。ただし、女性は5位までに含まれていなかった。

　文部科学省の「我が国の体育・スポーツ施設」（平成16年3月）によると、「職場スポーツ施設」（8286カ所）においては全8286施設のうち13%（第2位）を「野球場・ソフトボール場」が占め、内閣府の統計と合致する。

四、日本料理

四　日本材要

話題 24

日本料理

寿司　　　　　　天ぷらの盛り合わせ　　　　正月に食べるお節料理

一、聞く前に

日本料理の特徴

- **食材**

　素材の新鮮さが特に尊重される。一般的に米をはじめとする穀物、野菜、豆類、果物、魚介類や海藻といった海産物、鳥類の肉などが使われ、乳製品はほとんど用いられない。特に海産物と大豆加工食品の利用の多彩さが特徴で、総じて低脂肪、高塩分であるとされる。このような特徴は東南アジアの食文化とも共通するが、それらの料理と比較して獣肉と油脂の利用が発達しておらず、風味の強い香辛料の使用が少ないという違いがある。新鮮な食材や良質な水に恵まれているため、素材の味を最大限に活かした味付けが尊重される。

　調味の基調は塩、うま味を豊富に含んだ出汁（鰹節や昆布などを煮出して作られる）、大豆を麹で発酵させた醤油、味噌である。日本酒や米酢などの米発

酵調味料も多用される。甘みには水飴・みりんが使われるが、現代では砂糖を使うことが多い。ナタネ油、ゴマ油などの植物油を少量使い、ラードなどの動物性油脂はほとんど使用されない。食材を洗ったり煮たりすることが多いため水を多用し、水そのものの味も重視される。

- **盛り付けの作法**

盛付けの美しさは、日本料理の大きな特徴である。調理した食材を彩りよく並べるだけでなく、器の質感や絵柄なども吟味し、季節や風情を盛り込むことも、調理の一つとされる。料理の盛り付けの作法は、次のとおりである。

- ご飯は左、味噌汁は右。日本古来より左が上位と扱う文化のため、主食のご飯を左に置くのが正しい。
- 尾頭付きの魚の盛り付け方は、「川背海腹」などと呼ばれ、海魚の場合には頭を左、腹を手前側に向ける（ただし、カレイに限っては、頭を右に向ける）。川魚の場合には頭を右、背を手前側に向ける。なお、魚の焼き方に関する言葉に、これとは逆の「海背川腹」という言葉がある。
- 魚の切り身の盛りつけ方は、魚の種類によって、皮を上にする「皮表」とすべき場合と、身を上にする「身表」とすべき場合がある。ほとんどの魚は皮表で盛りつける。したがって、皮を上側、身を下側にして盛りつける。これに対し、ウナギ、アナゴ、ハモなどは身表とする。
- 長い食材は、長方形の皿に盛り付ける。
- 大根おろしや刻みねぎなど、付け合せは手前側に置く。

単語

水飴（みずあめ）	麦芽糖
みりん	料酒，米酒
ナタネ油	菜籽油
ゴマ油	香油
ラード	猪油
アナゴ	康吉鰻鱼
ハモ	海鰻

二、聞きましょう

テーマ：女川のサンマ料理で復興支援に

|単語|

  水揚げする（みずあげする）   （船）卸货
  サンマ   秋刀鱼
  ふるまう   款待，请客
  有志（ゆうし）   有志者
  すり身（すりみ）   肉泥，肉馅

問題1 A、B、C、Dの中から正しい答えを一つ選びなさい。

(1) 女川町で水揚げされたサンマ（　　）匹が無料でふるまわれ、受け取った人は募金に協力していました。

  A 2000 B 3000 C 4000 D 5000

問題2 文章の内容と合っているものに〇、ちがっているものに×をつけなさい。

(1) 宮城県女川町で水揚げされたサンマをふるまい、東日本大震災からの復興支援につなげようという催しが名古屋市で開かれました。（　　　　）

(2) サンマのすり身を団子にして入れた「すり身汁」も販売されました。（　　　　）

(3) 募金や売り上げ金は女川町に贈られるということです。（　　　　）

問題3 次の文を完成しなさい。

(1) 女川町で水揚げされた（　　　　　　　　　）が無料でふるまわれ、（　　　　　　　　　）に協力していました。

(2) 会場ではサンマの（　　　　　　　　　　　）にして入れた（　　　　　　　　　）も販売されました。

問題4 次の質問に答えなさい。

(1) 横浜市でどんな催しが開かれましたか。

(2) 会場ではなにが販売されましたか。

三、豆知識

- **日本の食事作法**

　食事をする際の日本独特の作法（マナー）である。ここでは、「日本」における「日本の文化」に基づいた、「日本の食事」における一般的な作法を記述する。

　各食器は、日本の食事作法に従って配膳され、箸は頭を右にして手前に、ご飯は左（左上位の古来文化に基づく）に、汁物は右側に置く事が基本となっている。

- **椀を持つ**

　日本では最近まで卓を使って食事する習慣がなく、箸を使用する事、また畳の上に正座し、かつ低い膳を使用していた歴史から、椀や小皿を手で持ちあげて食べる文化がある。更に、茶碗や味噌汁の椀などを手で持たずに食べたり、皿に身を乗り出して口が料理を「迎えに行く」ことが無作法とされる（→犬食い）。ご飯を食べる限りにおいては椀を持つことが正しい作法である。

- **食べ方**

　日本では、多くの場合、複数の皿が同時に食客の前に供される。この場合、一つの皿の料理だけを食べてその皿を空けてしまうのは無作法とされ、複数の皿の料理を、順番にバランスよく食べる。多くの場合は、それぞれの料理を順番に口に運ぶことで、味を最大限に楽しめるよう工夫されている。

話題 25

日本酒

酒器に酌まれた日本酒

一、聞く前に

　日本特有の製法で造られる酒には、清酒のほかにも、焼酎（麦焼酎、芋焼酎、沖縄の泡盛など）、みりん、鈴木梅太郎らが発明した合成清酒などがある。しかし、単に「日本酒」という場合には、清酒を指す。日本酒は、一般には単に酒（さけ）、お酒（おさけ）と呼ばれる。

　日本酒の主な原料は、米と水と麹（米麹）であるが、それ以外にも酵母、乳酸菌など多くのものに支えられて日本酒が醸造されるので、広義にはそれらすべてを「日本酒の原料」と呼ぶこともある。専門的には、香味の調整に使われる「醸造アルコール」、「酸味料」、「調味料」、「アミノ酸」、「糖類」などは副原料と呼んで区別する。

　日本酒はビールやワインとおなじく醸造酒に分類され、原料を発酵させてアルコールを得る。しかし、日本酒やビールはワインと違い、原料に糖分を含まないため、糖化という過程が必要である。ビールの場合は、完全に麦汁を糖化させた後に発酵させるが、日本酒は糖化と発酵を並行して行う工程があることが大きな特徴である。並行複発酵と呼ばれるこの日本酒独特の醸造方法が、他の醸造酒に比べて高いアルコール度数を得ることができる要因になっている。

日本酒の賞味期限の問題

　日本酒は、牛乳などと同じく、新鮮さが命であるため、生酒はもちろんのこと、そうではない火入れをしてある酒であっても、原則的には出荷後はできるだけ早く飲んだ方がよい、と一般に言われている。

　生新酒では、搾りの日から三週間迄の間が一番生新酒のフレッシュな味を楽しめるので、酒販店や蔵元の中にはその三週間以内に届けるところもある。ただ生新酒は直ぐに劣化が始まるため、この期間を逃した場合は成熟の味が劣化を上回るまで待つ必要があり、酒によるが冷蔵庫で6ヶ月前後待つと素晴らしい姿になっている場合もある。

|単語|

アミノ酸	氨基酸
フレッシュ	新鮮的，清爽的
蔵元	酒厂

二、聞きましょう

テーマ：諫早で新酒祝う酒蔵開き

|単語|

諫早市（いさはやし）	长崎县东南部的市
酒蔵（さかぐら）	酒窖，酒库
絞りたて（しぼりたて）	酿成
大吟醸酒（だいぎんじょうしゅ）	精酿酒
たる	木桶，樽
芳じゅん（ほうじゅん）	芳香醇正
ずっしり	厚重，沉重，沉甸甸

問題1　A、B、C、Dの中から正しい答えを一つ選びなさい。

(1) 今日の酒蔵開きには朝早くから多くの人が訪れ、（　　）本限定で売り出された大吟醸酒を買い求めようと、長蛇の列ができていました。

　　A 1000　　B 2000　　C 3000　　D 4000

問題2 文章の内容と合っているものに〇、ちがっているものに×をつけなさい。

(1) ことしの新酒の完成を祝う酒蔵開きが、横浜市の酒造会社で行われました。（　　）

(2) ことしの新酒は、りんごなどの果物を思わせる芳じゅんな香りとずっしりとした味で上々の出来だということです。（　　）

(3) 酒蔵では、県内で唯一のたる職人が酒だるをつくる実演も行われ、にぎわいを見せていました。（　　）

問題3 次の文を完成しなさい。

(1) ことしの新酒の完成を祝う酒蔵開きが、諫早市の酒造会社で行われ、訪れた人たちが、ふだん入ることができない酒蔵の中で（　　　　　　）を味わいました。

(2) （　　　　　　）米を使って酒をつくっていて、酒蔵開きには朝早くから多くの人が訪れ、（　　　　　　）で売り出された大吟醸酒を買い求めようと、長蛇の列ができていました。

(3) また、絞りたての新酒を試飲できる（　　　　　　）では訪れた人たちが（　　　　　　）などを味わっていました。

問題4 次の質問に答えなさい。

(1) 諫早市の酒造会社「杵の川」では新酒の完成を祝うために何を行いましたか。

_____

(2) 訪れた人たちが絞りたての新酒を試飲できるコーナーでは何をしましたか。

_____

三、豆知識

　2010年度（平成22年度）における清酒の製成数量は42万5,199キロリットル、販売（消費）数量は55万8,443キロリットルである。2009年度（平成21年度）の清酒の製造業者数は1,585業者で、そのうち中小企業が99.6%を占めている。日本酒の製成数量は、名産地・灘があり大手酒造メーカーの集中する兵庫県（約30%）、同じく伏見のある京都府（約20%）と、近畿地方が多い。これに、米の生産量が多い新潟県（約7%）、大消費地に近い埼玉県（約4%）、愛知県（約4%）と続く。成人一人当たりの日本酒販売（消費）数量は、新潟県が最も多く、東北地方の各県がこれに続く。

　日本酒としてのアルコール度数以外の要件を満たしつつも、より高いアルコール度数の日本酒を製造することも技術的には可能で、『越後さむらい』（玉川酒造）のように、清酒の製法で製造されながらアルコール度数が46度に達する酒も存在する。

海外での人気

　近年、発祥国の日本での消費は減退傾向にある。日本酒に限らず、ビール、ウイスキーも含め、日本では近年、全般的にアルコール飲料の消費量が減少している。

　一方、アメリカ合衆国・フランスの市場では日本酒、とくに吟醸酒の消費が拡大し、イギリスでも2007年から国際ワインコンテストに日本酒部門が設置された。海外では日本酒のことを、日本語の「酒」にちなんで「sake（サケ、英語読みではサキィ）」と呼ぶ場合が多い。

　韓国でも数年前から日本酒がブームとなっている。しかし関税が高く現地では高級酒扱いである。韓国語では"正宗"と呼ばれていた（桜正宗に因むらしい）が最近では「サケ」が定着してきている。

単語

　　キロリットル　　　　　　　　　　　　　　　　　1000公升

話題 26
みそ

（左から）麹味噌・赤味噌・合せ味噌

一、聞く前に

- **味噌について**

味噌は、穀物を発酵させて作られた日本の発酵食品である。古くから使用されてきた日本の基本的な調味料の一つでもあり、日本の味として日本国外に知られている。主な原料は大豆（戦国時代などは主に糠が原料とされた）で、これに麹や塩を混ぜ合わせ、発酵させることによって大豆のタンパク質が消化しやすく分解され、また旨みの元であるアミノ酸が多量に遊離する。

- **味噌の種類**

(1) みそは種類が豊富であり、その地域、種類により赤味噌、白味噌、合わせ味などと区別される事がある。

(2) 原材料によって、次の種類がある。

米みそ – 大豆と米を発酵・熟成させたもの。

麦みそ – 大豆と大麦又ははだか麦を発酵・熟成させたもの。

豆みそ – 大豆を発酵・熟成させたもの。

調合みそ – 上記の各みそを混合したもの。または、その他のみそ。

単語

糠（ぬか）	糠
麹（こうじ）	曲，曲种
アミノ酸	氨基酸

二、聞きましょう

テーマ：手作りみその仕込み盛ん

単語

仕込み（しこみ）	采购，购进，进货；装料，下料
昔ながら	一如既往，照旧
転作（てんさく）	换茬，转作
ミンチ	碎末，肉馅
磨り潰す（すりつぶす）	研碎，磨碎
寝かせる（ねかせる）	发酵

問題1　A、B、C、Dの中から正しい答えを一つ選びなさい。

(1) 香美町香住区の米地地区では、地元の女性たちが、昭和（　　）年から「米地みそ」と呼ばれる昔ながらの手作りみそを生産しています。

　　A　55　　　B　56　　　C　57　　　D　58

問題2　文章の内容と合っているものに〇、ちがっているものに×をつけなさい。

(1) 蒸した大豆を機械でミンチ状にすりつぶします。（　　）

(2) 香美町香住区の米地地区では、地元の女性たちが、コメの転作で生産を始めた米を使って、「米地みそ」と呼ばれる昔ながらの手作りみそを生産しています。（　　）

問題3 次の文を完成しなさい。

(1) 地元の女性たちが作る昔ながらの（　　　　　）の仕込み作業が（　　　　　）を迎えています。

(2) 仕込んだみそは（　　　　　）置いて熱をさましたあと、貯蔵庫で（　　　　　）ほど寝かせてじっくり熟成させるということです。

(3) 蒸した大豆にこうじと（　　　　　　　）を加えて手で混ぜ合わせたあと、機械で（　　　　　）にすりつぶします。

問題4 次の質問に答えなさい。

(1) 味噌は蒸した大豆に何を加えて手で混ぜ合わせて、できたのですか。
_____

(2) 仕込んだみそは貯蔵庫でどのぐらい寝かせるのですか。
_____

三、豆知識

味噌汁の作り方

作り方（二杯分）：
1. 鍋にお椀三杯弱の水を入れる（約一杯分は蒸発する）。
2. ダシ粉を小さじ摺り切り一杯弱入れる。
3. サトイモ、ダイコン、ニンジン、タマネギ、シイタケなど加熱に時間の掛かる具を入れて良く煮る。
4. この段階でダシの味見をする。そのままで吸い物として飲める程度の味が目安。足りなければ本だしを追加する。

5. ナスなど熱にあまり強くないものを入れる（ナスは煮込むと色落ちする）。
6. ミソをといてしばらく煮込む。赤だしはある程度煮込む方がおいしい。普通の味噌のように沸騰の前に火を止めてしまうと酸味が残っておいしくない。
7. 味見をして必要に応じてミソを追加する。
8. 豆腐、細ネギ、ワカメなどあまり加熱しないものを入れる。
9. 最後にカイワレをトッピングして出来上がり。

単語

ダシ粉（ダシこな）	高汤粉
摺り切り（すりきり）	平匙
ワカメ	裙带菜
カイワレ	嫩菜叶
トッピング	装饰，顶部配料

話題 27

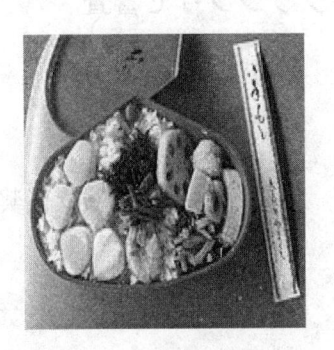

駅弁

JR 九州駅弁　　　　横浜駅弁

一、聞く前に

　駅弁（えきべん）とは鉄道駅や列車内で販売されている鉄道旅客向け弁当のことで、明治18年（1885年）に栃木県の宇都宮駅で販売されたおにぎりが初例である。

■　販売形態

　最も一般的な販売形態は改札外やホーム上にある駅弁調製業者の売店で、店頭に置いて販売している形である。調製業者が経営する駅構内の立ち食いそば・うどん店、キヨスク等調製業者以外が経営する売店などが扱っている場合もある。

　ほか、駅構内では駅弁の多く売れる食事時間帯前後に臨時にホーム上にキャスターつきのカートまたは台を置いてその上に駅弁や茶を陳列して売り子が販売する形態、売り子が帯のついた長方形の盆状か高さの低い箱状の容器に駅弁や茶を入れ容器を前方に出す形で首から下げホーム上を歩いて、掛け声を出しながら、販売する立ち売りがある。しかしいずれも減少傾向にある。

単語

キヨスク	站内连锁小卖店
キャスター	轮子
カート	手推车

二、聞きましょう

テーマ：九州駅弁グランプリで審査

単語

駅弁（えきべん）	车站盒饭
グランプリ	大奖，最高奖，最优秀奖
エントリー	报名
絞り込む	检索，锁定
踏まえる	根据，依据

問題1 A、B、C、Dの中から正しい答えを一つ選びなさい。

(1) 訪れた人たちは試食した後、「旅情感」や「郷土食」などの審査基準をもとに、好きな駅弁を（　　）選び、投票用紙に記入していました。

　　A 1つ　　B 2つ　　C 3つ　　D 4つ

問題2 文章の内容と合っているものに〇、ちがっているものに×をつけなさい。

(1) 用意された駅弁は、地元特産の食材や郷土料理を生かした個性的なものばかりです。（　　　）

(2) 主催するJR九州によりますと、ことしは、大衆志向のものが多かったということです。（　　　）

(3) JR博多シティで昨日行われた審査会には、インターネットなどの投票で絞り込まれた15の駅弁が並びました。（　　　）

問題3 次の文を完成しなさい。

(1) (＿＿＿＿)のJR博多シティで行われた審査会には、ことしの駅弁グランプリにエントリーしたなかからインターネットなどの投票で絞り込まれた（＿＿＿＿）が並びました。

(2) 会場には、（＿＿＿＿）などが訪れ、試食用に（＿＿＿＿）をいくつも手にとって、食べ比べていました。

(3) 「九州駅弁グランプリ」は、（＿＿＿＿）などを踏まえて（＿＿＿＿）に福岡市で最終審査が行われ、グランプリが決まります。

問題4 次の質問に答えなさい。

(1) ことしの駅弁グランプリにエントリーしたなかから何の投票で絞り込まれた14の駅弁が並びましたか。

_____

(2) 「九州駅弁グランプリ」は、いつ決まりますか。

_____

三、豆知識

地方の名物とする試み、イベント商品としての拡販

　駅構内で販売される実用的な食事という枠を飛び越え、地域の特産品などを盛り込んだ郷土色溢れる弁当としての発展を目指すという方向性が駅弁のひとつの流れとなっている。それらはドライブインやサービスエリア、デパート、インターネット等による通信販売などでの販売などに販路を広げている。また、駅弁業者が駅弁と同一の商品を近隣の空港で空弁（そらべん）として販売する例もある。

　この流れで、駅での販売よりも、駅以外の場所での販売が主力になった駅弁もあり、代表例として、ドライブイン・サービスエリアでの販売に重点を移したJR東日本信越本線横川駅の「峠の釜めし」、デパートなどでの販売に重点を

移したものとしてJR北海道函館本線森駅の「いかめし」の例が挙げられる。
　デパート・スーパーマーケットなどで全国の有名駅弁を集めて販売するイベント、いわゆる「駅弁大会」は人気が高く入荷してから短時間に売り切れることが多い。鉄道会社がイベントの客寄せに使う例もある。博多駅のように周辺地域（博多駅の場合は九州内全域）の人気駅弁を取り寄せて販売する売店があり、周囲の駅のイベントの際はその場所まで出張販売する例もある。

単語

拡販（かくはん）	扩大销售量
盛り込む（もりこむ）	加进，吸收
ドライブイン	汽车餐厅
サービスエリア	服务区
客寄せ（きゃくよせ）	招揽客人

五、日本の大学

三 日本の大学

話題 28
大学入試

一、聞く前に

- **国公立大学の一般入試**

　一般入試では、原則的にセンター試験の受験が必須である。同時に、大学（学部、学科）が独自に作成した個別学力検査等（二次試験とも呼ばれる）が実施される。このセンター試験と個別学力検査等の合計点によって、合格者が決定される。センター試験と個別学力検査等の配点比率は、大学や学部によって大きく異なる。個別学力検査等の内容は大学や学部によって異なり、一般的な学力はセンター試験で検査できるとして個別学力検査等の内容として小論文や面接などを課す大学も多く見られる。なかには、個別学力検査等を行わず、センター試験のみによって合否を決定する学部や学科も見られる。

　大学入試センター試験とは、独立行政法人大学入試センターによって、例年1月13日以降の最初の土曜日・日曜日の2日間にわたって行われる、日本の大学の共通入学試験である。

- **私立大学の一般入試**

　私立大学の一般入試は、1月下旬頃から3月上旬頃に実施されている場合が

多い。受験機会は、1回から数回までと大学等により幅がある。学部・学科を違えての学内併願を自由にできる場合もある。連続した数日のうち任意の1回から2回以上受験可能な試験日自由選択制を採る大学もある。この方式を採る大学の一部は、1回の受験料で何回でも受験可能であったり、2回目以降は受験料減免であったりといった方策を取り入れているケースもある。3月に入試を行う大学も多く、2月から3月にかけて、毎週入試を実施している大学もある。入学試験方式の名称は大学等により異なり、多彩である。

|単語|

　　併願（併願）　　　　　　　　　　　　　　　　　　　　多志愿报考

|二、聞きましょう|

テーマ：合格祈願たこ焼きが人気　静岡

|単語|

　　因む（ちなむ）　　　　　　　　　　　　　　　　　　　有关系，有关联
　　引き手（ひきて）　　　　　　　　　　　　　　　邀请人，门拉手，纤夫
　　引っ張り（ひっぱり）　　　　　　　　　　　　　　　　　　拉伸，拉进

問題1　A、B、C、Dの中から正しい答えを一つ選びなさい。

（1）（　　）では、合格祈願のたこ焼きが受験生の人気を集めています。

　　A 山梨県　　　B 千葉県　　　C 静岡県　　　D 青森県

問題2　文章の内容と合っているものに〇、ちがっているものに×をつけなさい。

（1）大阪市中区のたこ焼き店では、合格祈願のたこ焼きを販売しています。（　）

（2）こちらのたこ焼きは受験勉強に粘り強く取り組めるようにという意味が

　　込められているのです。（　）

問題3　次の文を完成しなさい。

(1) 浜松市中区のたこ焼き店では、（　　　　　　）と（　　　　　　）が入った合格祈願のたこ焼きを販売しています。

(2) トッピングは（　　　　　　　　）をイメージした（　　　　　）です。

問題4　次の質問に答えなさい。

(1) 何が受験生の人気を集めていますか。

_____

(2) なぜ「ひっぱりだこ」と名付けられたのですか。

_____

三、豆知識

2013年大学入試センター試験
第1日 2013年1月19日

- **地理歴史・公民**：同一名称を含まない最大2科目まで選択。各100点満点、試験時間各60分（2科目受験の場合は間に10分の解答回収時間）
    - 世界史A
    - 世界史B
    - 日本史A
    - 日本史B
    - 地理A
    - 地理B
    - 現代社会
    - 倫理
    - 政治・経済
    - 倫理、政治・経済
- **国語**：200点満点（近代以降の文章100点、古文50点、漢文50点）、試験時間　80分

- 国語
- **外国語（筆記）**：各 200 点満点、試験時間 80 分
  - 英語
  - フランス語
  - ドイツ語
  - 中国語
  - 韓国語
- **外国語（リスニング）**：50 点満点、試験時間 60 分（機器等説明時間 30 分、問題解答時間 30 分）
  - 英語

外国語（筆記）で「英語」を選択する受験生は必ず受験しなくてはならない。ただし、重度の難聴者については免除される。また、「英語」以外の外国語を選択した者は受験できない。

第 2 日 2013 年 1 月 20 日

- **理科**：最大 2 科目まで選択。各 100 点満点、試験時間各 60 分（2 科目受験の場合は間に 10 分の解答回収時間）
  - 理科総合 A
  - 理科総合 B
  - 物理 I
  - 化学 I
  - 生物 I
  - 地学 I
- **数学 (1)**：各 100 点満点、試験時間 60 分
  - 数学 I
  - 数学 I・数学 A
- **数学 (2)**：各 100 点満点、試験時間 60 分
  - 数学 II
  - 数学 II・数学 B

数学 B については、数列、ベクトル、統計とコンピュータ、数値計算とコンピュータから 2 題を選択して解答する。

  - 工業数理基礎
  - 簿記・会計

会計については、会計の基礎、貸借対照表、損益計算書、財務諸表の活用の 4 項目のうち、会計の基礎が出題される。

○ 情報関係基礎

　職業教育が主となっている農業、工業、商業、水産、家庭、看護、情報、福祉の8教科に設定されている情報に関する基礎的科目が出題される（農業科：「農業情報処理」、工業科：「情報技術基礎」、商業科：「情報処理」、水産科：「水産情報技術」、家庭科：「家庭情報処理」、看護科：「看護情報処理」、情報科：「情報産業と社会」、福祉科：「福祉情報処理」）。

単語

リスニング	听力
難聴者（なんちょうしゃ）	耳聋、耳背的人
簿記（ぼき）	簿记，用一定的记录方法在账簿上记录、计算、整理一定期间内企业的经济活动

話題 29

東京大学

赤門　　　　法文2号館アーチ

一、聞く前に

　東京大学は江戸幕府の昌平坂学問所や天文方、及び種痘所の流れを汲みながらも、欧米諸国の諸制度に倣った、日本で初めての近代的な大学として設立された。国内外から高い評価をされており、大学評価の世界的指標である「世界大学ランキング 2012-2013」では第27位、アジア第1位（同誌の世界大学名声ランキングでは第8位）である。

　2011年まで、ノーベル賞受賞者の中で、東京大学が博士号学位授与した卒業生は4名、学士の学位を授与した卒業生は7名となっている。

　東京大学には、特に創立時に明文化された建学の精神はない。しかし、国立大学法人化に伴い、現在は「東京大学憲章」というものが定められている。東京大学憲章は、「大学」としての使命を公に明らかにすることと、目指すべき道を明らかにすることを目的として学内有識者会議によって制定されたものである。学部教育の基礎としてリベラル・アーツ教育を重視することを謳っている。

　リベラル・アーツ教育（教養教育）を重視しているのが東京大学の教育の大

きな特徴である。教養学部前期課程において教養教育科目が開講されているが、その実施には東京大学のすべての学部・研究科・研究所が参加している。主に担当する教養学部では、各大学1件ずつしか応募できない特色ある大学教育支援プログラムに「教養教育と大学院先端研究との創造的連携の推進」で応募したことが、大学として教養教育を重視していることの現れであるとしている。

|単語|

リベラル・アーツ　　　　　　　　　自由学科，自由七艺，与职业、专业不直接相关的教养，也指以此为目的的普通教育，素质教育

二、聞きましょう

テーマ：東京大学が初の推薦入試を導入へ

|単語|

目途（めど）　　　　　　　　　　　　　　　　　　　目的，目標

問題1 A、B、C、Dの中から正しい答えを一つ選びなさい。

(1) 東京大学は現在、2次試験を定員（　　）人の前期日程と後期日程に分けています。

　　A 2700　　B 2800　　C 2900　　D 3000

問題2 文章の内容と合っているものに〇、ちがっているものに×をつけなさい。

(1) 東京大学は去年7月、学内に検討会議を設置し、入試制度の在り方を議論してきました。（　　　）

(2) その結果、3年後をめどに後期日程を廃止し、筆記試験を行わず高校での活動や面接を重視して合否を判定する推薦入試を導入する方針を固めました。（　　　）

問題3 次の文を完成しなさい。

(1) 東京大学は現在、2次試験を（　　　　　　）と（　　　　　　　　）に分け、いずれも筆記試験で合格者を選抜しています。

（2）国際的に活躍できる人材を育成するためには、（＿＿＿＿＿＿＿＿）によらず、多様な学生を確保する必要があるとして、東京大学は去年4月、学内に検討会議を設置し、（＿＿＿＿＿＿＿＿）を議論してきました。

（3）現在、全国に（＿＿＿＿＿＿＿＿）のうち、2次試験で推薦入試を行っていないのは、（＿＿＿＿＿＿＿＿）、それに（＿＿＿＿＿）だけで、東京大学が推薦入試を実施するのは、創立以来、初めてです。

問題4 次の質問に答えなさい。

（1）東京大学は、何年後をめどに2次試験の後期日程の筆記試験を廃止する方針を固めましたか。

＿＿＿＿＿＿＿＿＿＿＿＿＿＿＿＿＿＿＿＿＿＿＿＿＿＿＿＿＿＿＿＿

（2）現在、全国に82ある国立大学のうち、2次試験で推薦入試を行っていないのはどの大学ですか。

＿＿＿＿＿＿＿＿＿＿＿＿＿＿＿＿＿＿＿＿＿＿＿＿＿＿＿＿＿＿＿＿

三、豆知識

　東大入試では、センター試験において前期日程で7科目（文類：5教科7科目または6教科7科目、理類：5教科7科目）、後期日程では5教科6科目を必須としている。二次試験も文類・理類ともに4教科5科目を課すなど受験に必要な科目が多くなっている。

　前期日程の場合、センター試験の得点が110点にまで圧縮され、二次試験の440点と合わせて、合計550点満点で合否判定が行なわれる。二次試験のウェイトが高くなっているため、センター試験を軽視する受験生も見られるが、東大入試では出願者がある一定の人数を超えると、センター試験の得点を用いて第1段階選抜が実施される。

2013年度大学入試センター試験 実施スケジュール
本試験：2013年1月19日（土）・20日（日）
追試験：2013年1月26日（土）・27日（日）

試験日	試験教科・科目		試験時間
第1日	地理歴史	「世界史A」「世界史B」「日本史A」「日本史B」「地理A」「地理B」	【2科目選択】 9：30〜11：40 【1科目選択】 10：40〜11：40
	公民	「現代社会」「倫理」「政治・経済」『倫理、政治・経済』	
	国語	『国語』	13：00〜14：20
	外国語	『英語』『ドイツ語』『フランス語』『中国語』『韓国語』	【筆記】 15：10〜16：30 【リスニング】『英語』のみ 17：10〜18：10
第2日	理科	「理科総合A」「理科総合B」「物理Ⅰ」「化学Ⅰ」「生物Ⅰ」「地学Ⅰ」	【2科目選択】 9：30〜11：40 【1科目選択】 10：40〜11：40
	数学①	「数学Ⅰ」『数学Ⅰ・A』	13：00〜14：00
	数学②	「数学Ⅱ」『数学Ⅱ・B』「工業数理基礎」『簿記・会計』『情報関係基礎』	14：50〜15：50

2013年度東大入試日程/試験科目・時間						
日程	二次試験/合格発表	試験日/発表日	試験科目・時間			
前期日程	第1段階選抜合格発表	2月13日（水）	—			
	二次試験	2月25日（月）	文類	国語	9：30〜12：00	(150分)
				数学	14：00〜15：40	(100分)
			理類	国語	9：30〜11：10	(100分)
				数学	14：00〜16：30	(150分)
		2月26日（火）	文類	地理歴史	9：30〜12：00	(150分)
				外国語	14：00〜16：00	(120分)
			理類	理科	9：30〜12：00	(150分)
				外国語	14：00〜16：00	(120分)
	合格発表	3月10日（日）	—			
後期日程	第1段階選抜合格発表	3月10日（日）	—			
	二次試験	3月13日（水）	理三以外	総合科目Ⅲ（論述）	9：30〜11：30	(120分)
				総合科目Ⅱ（数学の応用）	13：00〜15：00	(120分)
				総合科目Ⅰ（英語の読解）	16：00〜18：00	(120分)
	合格発表	3月22日（金）	—			

話題 30

日本の大学生

一、聞く前に

＜平成20年度調査結果の主な特徴＞
○学生生活費は大学学部（昼間部）、大学院修士課程、博士課程で平成12年度調査をピークに四期連続して減少している。

【学生生活費の推移】

	平成12年度		平成20年度	
大学学部（昼間部）	2,058,200円	⇒	1,859,300円	(▲9.7%)
大学院修士課程	1,898,000円	⇒	1,742,100円	(▲8.2%)
大学院博士課程	2,248,000円	⇒	2,053,100円	(▲8.7%)

○大学学部（昼間部）では、学費は増加し続けているが、生活費は平成12年度調査をピークに四期連続して学費の増加分を上回る幅で減少している。

【学費及び生活費の推移】

	平成12年度		平成20年度	
学費	1,121,400円	⇒	1,183,000円	(▲5.5%)
生活費	936,800円	⇒	676,300円	(減少27.8%)

○大学学部（昼間部）の学生の収入状況を10年前と比較すると、収入総額に占める家庭からの給付額の割合が減少する一方、奨学金の占める割合は増加している。

【収入総額に占める割合】

	平成10年度		平成20年度	
家庭からの給付	73.2%	⇒	65.9%	（減少7.3）
奨学金	7.0%	⇒	15.3%	（▲8.3）

[単語]

ピーク　　　　　　　　　　　　　　　　　　　　　　　　　　　　　高峰

二、聞きましょう

テーマ：大学生の学習時間　一日平均39分

問題1　A、B、C、Dの中から正しい答えを一つ選びなさい。

(1) 大学生の学習時間はどれくらいなのか、全国の学生を対象に調べたところ、一日の平均が（　　　）分だという調査結果がまとまりました。
　　A 29　　B 39　　C 49　　D 59

問題2　文章の内容と合っているものに○、ちがっているものに×をつけなさい。

(1) 1週間の学習時間がゼロと答えたのは、2年生が10.2％である。（　　）

(2) 講義の予習や復習など一日の学習時間を尋ねたところ、文系の学生が平均で48分である。（　　）

問題3　次の文を完成しなさい。

(1) この調査は、全国大学生活協同組合連合会が学生の生活実態を調べようと去年（　　　　　　　　　）行い、全国の国公立と私立、合わせて30校の学生およそ（　　　　　　　）が回答しました。

(2) この中で、講義の予習や復習など一日の学習時間を尋ねたところ、文系の学生が平均で（　　　　　）、理系の学生が（　　　　　　）、全体では39分でした。

(3) （　　　　　）は18.2％で、およそ5人に1人が（　　　　　　　　）と答えました。

問題4 次の質問に答えなさい。

（1）四年生の学習時間が少ない原因は何でしょうか。

_____

（2）文系の４年生の学習時間がゼロの割合はどのぐらいですか。

_____

三、豆知識

平成20年度学生生活調査結果

（単位：円）

区分			学費			生活費			合計
			授業料、その他の学校納付金	修学費、課外活動費、通学費	小計	食費、住居・光熱費	保健衛生費、娯楽・し好費、その他の日常費	小計	
大学学部	昼間部	国立	510,600	134,200	644,800	532,800	288,800	821,600	1,466,400
		公立	528,900	143,400	672,300	455,900	289,300	745,200	1,417,500
		私立	1,175,800	162,200	1,338,000	345,900	292,700	638,600	1,976,600
		平均	1,026,700	156,300	1,183,000	384,500	291,800	676,300	1,859,300
大学院	修士課程	国立	507,800	135,600	643,400	680,200	330,600	1,010,800	1,654,200
		公立	515,700	181,000	696,700	543,300	346,400	889,700	1,586,400
		私立	907,900	183,900	1,091,800	488,400	325,200	813,900	1,905,700
		平均	653,900	155,700	809,600	602,900	329,600	932,500	1,742,100
	博士課程	国立	455,500	256,900	712,400	848,000	442,000	1,290,000	2,002,400
		公立	492,100	285,100	777,200	712,000	498,600	1,210,600	1,987,800
		私立	671,100	317,800	988,900	727,300	492,700	1,220,000	2,208,900
		平均	511,000	273,500	784,500	810,900	457,700	1,268,600	2,053,100
	専門職学位課程	国立	677,300	205,000	882,300	693,500	334,700	1,028,200	1,910,500
		公立	619,900	217,300	837,200	466,400	353,700	820,100	1,657,300
		私立	1,251,200	239,300	1,490,500	547,500	361,900	909,400	2,399,900
		平均	1,050,100	227,700	1,277,800	591,800	352,900	944,700	2,222,500

単語

納付金（のうふきん）　　　　　　　　　　　　　　　　　　　　　捐款

話題 31

日本留学

一、聞く前に

留学生10万人計画と留学生の急増（1983年〜）

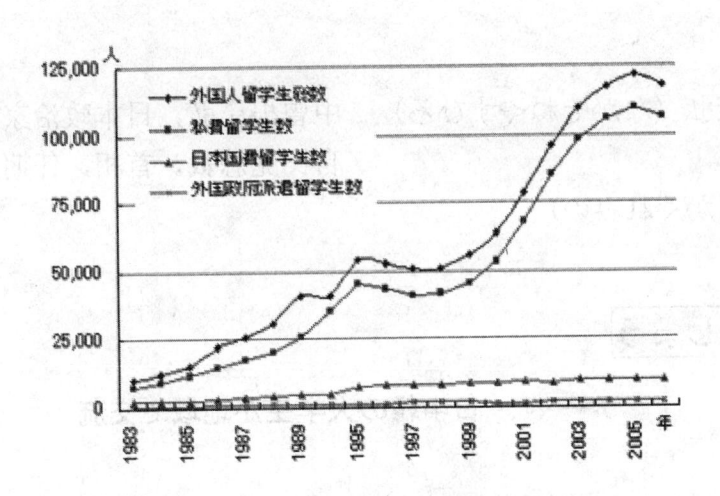

日本の外国人留学生数

1983年の中曽根内閣による「21世紀への留学生政策に関する提言」、翌年6月の「21世紀への留学生政策の展開について」のなかでの、いわゆる「留学生10万人計画」の提言を受けて、その実現に向けた政策が採られるようになり、1990年代後半には一時停滞したものの、主にアジア諸国から日本への留

学生が急増し続けている（2006年の数値を国籍別にみると、中国が74,292人（63.0％）、韓国が15,974人（13.5％）であり、以上の2か国で全体の80％近くを占める）。2006年の外国人留学生の総数は117,927名で、日本政府から奨学金が支給されているのは、約10％の9,869名である。したがって、ほとんどが私費留学生である。

　私費留学生のほとんど（84.4％）はアルバイトに従事しており、その職種は、「飲食業」（55.0％）が最も多く、以下、「営業・販売」（16.5％）、「語学教師」（8.9％）と続く。こうしたなかで、留学生全体で学業成績など質の低下が見られること、留学目的である学位を取得できない者の存在、本来就労目的でありながら、留学を隠れ蓑にした入国、不法滞在などの問題点も指摘されている。2003年末には、旧酒田短期大学の多数の外国人留学生がアルバイトのために首都圏に移り住み、（違法である）風俗産業に従事していたケースが報道されて以来、留学生に対する社会的懸念が高まっている。2007年6月には風俗店を経営していた立命館大学の中国人女子留学生が入管難民法違反（不法就労助長）の容疑で逮捕された。2007年1月現在の不法残留者総数は170,839人であったのに対し、「留学」の在留資格から不法残留者となった者の数は7,448人（構成比4.4％）に達している。

単語

中曽根康弘（なかそねやすひろ）	中曽根康弘，日本政治家，1982年任自民党総裁、首相，任期至1987年
隠れ蓑（かくれみの）	偽装

二、聞きましょう

テーマ：　日中韓の大学生が地域で交流

単語

餅つき（もちつき）	捣制年糕，打糕
ダイヤランド	长崎市的地名
杵（きね）	杵
石臼（いしうす）	石磨
リズミカル	有节奏的，有韵律的

搗く（つく）　　　　　　　　　　　　　　　　　　　　　搗
くっつく　　　　　　　　　　　　　　　　　　　　　粘上，紧贴
序盤（じょばん）　　　　　　　　　　　　　　　　　初级阶段

問題1　A、B、C、Dの中から正しい答えを一つ選びなさい。

(1) 日本と中国、それに（　　　）の3か国の大学生が長崎市で地域の住民と交流しました。

　　A 韓国　　B タイ　　C アメリカ　　D ドイツ

問題2　文章の内容と合っているものに〇、ちがっているものに×をつけなさい。

(1) 3か国の学生たちは自治会の人たちといっしょに手作り料理を体験しました。（　　）

(2) 参加者は一先懸命楽しんで有意義な時間だといった。（　　）

問題3　次の文を完成しなさい。

(1) この催しは長崎市ダイヤランドの自治会と長崎ウエスレヤン大学が（　　　　　）や（　　　　　　　）の一環として行ったもので、日本の大学生と中国や韓国の大学生およそ（　　　　　　　）が参加しました。

(2) 3か国の学生たちは（　　　　　　　　　）といっしょに餅つきを体験し、学生たちは（　　　　　　　　　　）できねを持ち、「いち、に、さん」とかけ声をかけながら、石臼の中の餅米をリズミカルについていきました。

(3) このあと、学生たちは福祉の体験学習の一環として、（　　　　　　）といっしょに近所の（　　　　　　）を訪ねて餅を配ることにしています。

131

問題4 次の質問に答えなさい。

(1) 3か国の大学生が何をして地域の住民と交流しましたか。

_____

(2) 学生たちは福祉の体験学習の一環として、地元の人たちといっしょにだれを訪ねましたか。

_____

三、豆知識

留学生30万人計画（2008年～）

　先進諸外国の外国人留学生数を見てみると、アメリカ合衆国が約56万人（2005年）、英国が約36万人（2005年）、ドイツが約25万人（2005年）、フランスが約27万人（2006年）と、日本を大幅に上回っていることから、文部科学省などは、留学生数のさらなる拡大と支援のために「留学生30万人計画」を打ち出し、2008年7月にその骨子を策定した。同骨子によれば、「日本留学への関心を呼び起こす動機づけや情報提供から、入試・入学・入国の入り口の改善、大学等の教育機関や社会における受入れ体制の整備、卒業・修了後の就職支援等に至る幅広い施策」を行なうことで、2020年までに留学生受け入れ数を30万人にまで増やすことを目標としている。

　この計画を実現するため、文科省は、2009年に「海外の学生」が「留学しやすい環境」への取組みを行う拠点大学を選定し、これに財政支援を行う『国際化拠点整備事業（グローバル30)』を実施すると発表。審査で選ばれた、東京大学・京都大学・早稲田大学・慶應義塾大学などへ、年間2～4億円程度を5年間交付し支援を行うことになった。

|単語|

　骨子（こっし）　　　　　　　　　　　　　　　　　　　　　要点，重点

話題 32

ボランティア

一、聞く前に

　学校支援ボランティアとは、様々な段階の学校において行われるボランティア活動、またはそれを担う人材をいう。この場合、その活動が無償であるか、有償であるかは問われない。

　1996年、中央教育審議会の「21世紀を展望した我が国の教育の在り方について(第一次答申)」の中で、「学校がその教育活動を展開するに当たっては、もっと地域の教育力を生かしたり、家庭や地域社会の支援を受けること」への積極的な姿勢の必要性が指摘され、そのために「地域の人々や保護者に学校ボランティアとして協力してもらう」ことが提案されている。ここではその人々を表す言葉として「学校ボランティア」という言葉が用いられていたが、その後1998年に出された文部省（当時）の「教育改革プログラム」の中で「学校支援ボランティア」という言葉が用いられるようになった。ここでは、学校支援ボランティアは、「学校の教育活動について地域の教育力を生かすため、保護者、地域人材や団体、企業等がボランティアとして学校をサポートする活動」と定義されている。

■ 学校支援ボランティアの現状

　学校支援ボランティアの活動は多岐に渡る。地域によってそれぞれ独自の活動が模索されて、次々と新たな支援が生まれており、その可能性は未知数である。同時に、全国的に共通して見られるようになってきた代表的な学校支援ボランティアの活動も生まれてきている。例えば、子どもが安全に登下校を行うための安全監視（登下校ボランティア、スクール・ガード、学校安全ボランティア、巡回ボランティア）・週5日制の導入以降に登場した土曜日教室の指導・休み時間や放課後に図書室などを利用して行われる読み聞かせ活動・総

合的な学習の時間に行われる体験活動の招聘講師（ゲストティーチャー）などがある。

|単語|

　　答申（とうしん）　　　　　　　　　　　　报告，汇报，回复
　　スクール・ガード　　　　　　　　　　　　保证学生学校安全的志愿者

二、聞きましょう

テーマ：ボランティアが間伐作業

|単語|

　　間伐（かんばつ）　　　　　　　　　　　为有助于主要树木的发育，伐掉
　　　　　　　　　　　　　　　　　　　　　过密的丛生树木，空开间隔。
　　ヘクタール　　　　　　　　　　　　　　公顷

問題1　A、B、C、Dの中から正しい答えを一つ選びなさい。

（1）6日は樹齢（　　）年のスギやヒノキの間伐に取り組みました。

　　A　35　　B　45　　C　55　　D　65

問題2　文章の内容と合っているものに〇、ちがっているものに×をつけなさい。

（1）学生たちはチェンソーで木を切り倒したあと、枝を払って1メートルの長さに切りそろえていました。（　　）

（2）参加した学生は「こういう活動に学生が参加することで、やっぱり若い力がどれだけこの日本の山の現状というのを回りに知らせていくかというのもこれからすごい大事なことになってくると思います。」と話していました。（　　）

（3）学生たちは今月19日まで間伐作業を続けながら、環境問題について考えることにしています。（　　）

問題3　次の文を完成しなさい。

(1) 環境問題に関心がある全国の（　　　　　　）などが新見市に集まり（　　　　　）や（　　　　　　）で手入れが行き届いていない山林の間伐作業を行いました。

(2) （　　　　　　）や（　　　　　　　　　）など全国の10の大学や専門学校から環境問題に関心のある（　　　　　　　　　　）が集まりました。

(3) 学生たちは、（　　　　　　　　　　　　）とともに3つの班に分かれ、およそ（　　　　　　　　　　）の山林で、間伐作業を始めました。

問題4　次の質問に答えなさい。

(1) 誰が今度のボランティア活動に参加しましたか。
　　_____

(2) どのぐらいの山林で、間伐作業をしましたか。
　　_____

三、豆知識

学校支援ボランティアの問題点

■　ボランティアと教師の連携不足

　ボランティアは、学校の職員とは異なる存在である。そのようなボランティアが持つ外部性が学校の閉鎖性を解消する鍵であることを考えると、そのような違いは重要な特徴である。しかし同時にこの違いは、学校との連携への障害となることもある。例えば、学校では、その多くの情報を職員会議で共有しているが、非職員であるボランティアは会議には参加せず、多くの情報を共有できていない。また学校の守秘義務の問題などから、ボランティアとは共有できない情報も少なくない。これが教員とボランティアの間に大きな溝を生む原因となることがある。

- ■ ボランティア同士の連携不足

　ボランティアは毎日学校で支援を行っているわけではないため、同じ学校に関与しているからと言ってすべてのボランティア同士顔を合わせるわけでも、その存在を認知しているわけでもない。そのため、ボランティア間の情報共有の機会はあまりなく、活動自体に一貫性がないとも言える。これは学校自体がボランティアの導入は実現したが、それを取りまとめるコーディネーターのような人材を設けてこなかったことに、1つの原因があり、そのような制度の必要性が求められている。

- ■ 単位を伴う学生の活動

　比較的時間を持て余していると言われる学生であっても、生活の維持、個人的な時間の確保も含めボランティアを行うだけの余裕を感じる者は多くない。その中で、大学側がボランティアに対して単位認定を行ったことは、人材確保の裾野を広げることとなった。しかし同時に、ボランティアが目当てではなく、単位が目当ての学生が学校を支援を行うこととなり、質の低下が言われるようになった。俗に言う「ボランティア公害」の問題である。これは教員免許取得の際に必修単位として組まれた学校支援活動においても見られることである。

|単語|

コーディネーター	協调人
裾野（すその）	范围，边缘

六、そのほかに

六　そのほかに

話題 33

東京と大阪

一、聞く前に

　2012年現在、国際連合の統計によると、東京は世界最大のメガシティと評価されており、川崎、横浜などとともに世界最大の人口を有する都市圏を形成している。都市単位の経済規模(GDP)ではニューヨークをしのぎ、世界最大である。2012年、アメリカのシンクタンクが公表したビジネス・人材・文化・政治などを対象とした総合的な世界都市ランキングにおいて、ニューヨーク、ロンドン、パリに次ぐ世界第4位の都市と評価された。

　大阪は、日本の近畿地方の地名である。西日本最大の都市である大阪市（狭義の大阪）と、大阪市を府庁所在地とする大阪府を指す地域名称であり、広い意味では大阪市を中心とする京阪神（畿内、大阪都市圏、関西圏）を漠然と総称することにも使われる。関西の経済・文化の中心地で、古くは大坂と表記した。古都・副都としての歴史を持ち、現在も首都東京に次ぐ都市として、経済、文化で重要な役割を担っている。大阪は都市単位の経済規模で世界3位で、都市圏人口で世界12位のメガシティと評価されている。大阪市を中心とする都市雇用圏（10%通勤圏）は、奈良県、兵庫県、京都府、和歌山県、三重県におよび、約1212万人（2000年）の人口を擁する日本第2位の都市圏を形成している。大阪市への流入超過人口は107万人であり、昼間人口は366万人となって、横浜市の昼間人口を越える。

単語

　　　メガシティ　　　　　　　　　　　　　　（百万人口以上的）大城市
　　　シンクタンク　　　　　　　　　　　　　智囊团，专家团队

二、聞きましょう

テーマ：最も生活費かかる都市は東京と大阪

単語

　　　長引く（ながびく）　　　　　　　　　　拖长，延长
　　　デフレ　　　　　　　　　　　　　　　　通货紧缩
　　　エコノミスト　　　　　　　　　　　　　经济学家
　　　シドニー　　　　　　　　　　　　　　　悉尼
　　　メルボルン　　　　　　　　　　　　　　墨尔本
　　　堅調（けんちょう）　　　　　　　　　　坚实，坚挺

問題1　A、B、C、Dの中から正しい答えを一つ選びなさい。

(1) この調査は（　　　）を100とする。

　A パリ　　　B ニューヨーク　　　C ロンドン　　　D サンフランシスコ

問題2　文章の内容と合っているものに〇、ちがっているものに×をつけなさい。

(1) 今回の調査ではメルボルンが3位に入りました。　（　　　）

(2) 調査によりますと、世界で最も生活費がかかるのは大阪です。（　　　）

問題3　次の文を完成しなさい。

(1) これは、イギリスの経済誌「エコノミスト」の調査機関が4日、発表したもので、世界（_____）の（_____）を対象に食料品や日用品など（_____）の価格を調査し生活費として指数化しています。

(2) 世界で最も生活費がかかるのは東京で、（　　　　　　）を100とする指数で（　　　　　　）、2位は大阪で（　　　　　　）と、日本の都市が上位を占めました。

(3) また、今回の調査では堅調な経済成長を続けてきたオーストラリアでも生活費の上昇が鮮明となり、（　　　　　）が「137」で（　　　　　）に、（　　　　　）が「136」で（　　　　　）に入りました。

問題4 次の質問に答えなさい。

(1) 東京と大阪の生活費が高い原因は何ですか。
　_____

(2) イギリスの調査機関はどんな調査をしましたか。
　_____

三、豆知識

　歴史的に、江戸時代の江戸市域を中心に東京が形成されたが、東京府、東京市から東京都成立という歴史もあり、様々な範囲のとらえ方が見られ、曖昧模糊としている。「多極分散型国土形成促進法」には「東京圏」と表現し、それには市部が含まれている。

■ **東京都区部**

　東京都区部は、東京都東部の23の特別区から構成される地域である。旧東京市15区の各区部は後に大東京35区に再編・拡大され、戦後東京22区を経て現在の東京23区となった。

　今日でも、統計などで東京都区部を「東京」という一つの都市として扱う場合もある。しかし1943年7月1日に東京市が廃止されて以降、東京都区部を一体として管轄する地方自治体は存在しない（区長がおり、区議会や区役所があるなど、個々の区が市と同等の扱いをされている）。また、東京都区部（総称：東京）は東京都の都庁所在地として認識される。

■ **京阪神大都市圏**

　大阪市・京都市・神戸市を中心市とした都市圏が設定され、京阪神大都市圏

と名付けられている。京阪神大都市圏は人口1864万3915人（2000年国勢調査）を抱え、三大都市圏あるいは七大都市圏の1つとされ、世界でも十指に入る大都市圏である。

話題 34
東大寺

大仏殿 　　　　　中門

大寺二月堂の修二会（お松明）　　　　　二月堂

一、聞く前に

　東大寺（とうだいじ）は、奈良県奈良市雑司町にある華厳宗大本山の寺である。現別当（住職・220世）は、北河原公敬である。

　金光明四天王護国之寺（こんこうみょうしてんのうごこくのてら）ともいい、奈良時代（8世紀）に聖武天皇が国力を尽くして建立した寺である。「奈良の大仏」として知られる盧舎那仏（るしゃなぶつ）を本尊とし、開山（初代別当）

は良弁僧正（ろうべんそうじょう）である。

　奈良時代には中心堂宇の大仏殿（金堂）のほか、東西2つの七重塔（推定高さ約70メートル以上）を含む大伽藍が整備されたが、中世以降、2度の兵火で多くの建物を焼失した。現存する大仏は、台座（蓮華座）などの一部に当初の部分を残すのみであり、現存する大仏殿は江戸時代の18世紀初頭（元禄時代）の再建で、創建当時の堂に比べ、間口が3分の2に縮小されている。「大仏さん」の寺として、古代から現代に至るまで広い信仰を集め、日本の文化に多大な影響を与えてきた寺院であり、聖武天皇が当時の日本の60余か国に建立させた国分寺の中心をなす「総国分寺」と位置付けられた。

単語

　　大伽藍（だいがらん）　　　　　　　　　寺院中的大建筑物，大寺院

二、聞きましょう

テーマ：東大寺で仏生会

単語

　　仏生会（ぶっしょうえ）　　　　　　　佛诞节，浴佛节。4月8日释
　　　　　　　　　　　　　　　　　　　　迦牟尼生日时举行的法会
　　つばき　　　　　　　　　　　　　　　　　　　　　　　　山茶

問題1　A、B、C、Dの中から正しい答えを一つ選びなさい。

（1）今日（　）は仏教を開いた釈迦が生まれた日とされ、東大寺では誕生を祝う「仏生会」が営まれています。

　　A　3月8日　　　B　4月8日　　　C　3月4日　　　D　4月4日

問題2　文章の内容と合っているものに○、ちがっているものに×をつけなさい。

（1）僧侶が、生まれたばかりの釈迦の姿を表した仏像に甘茶を注いだあと、大仏の前でお経を唱えました。（　　）

(2) 奈良市の今朝の最低気温は平年より1度余り低い2度5分で、参拝者は甘茶をすすって体を温めていました。（　　）

(3) この行事は午後5時ごろまで行われます。（　　）

問題3　次の文を完成しなさい。

(1) （_____）とされる今日、奈良の東大寺では釈迦の像に甘茶を注いで祝う伝統行事（_____）が営まれ、多くの人が参拝に訪れています。

(2) 大仏殿の入り口には（_____）や（_____）で飾ったお堂が設けられました。

(3) 奈良市の今朝の（_____）は平年より2度余り低い（_____）で、参拝者は甘茶をすすって体を温めていました。

問題4　次の質問に答えなさい。

(1) 奈良の東大寺で何の行事が行われましたか。
_____

(2) 仏生会ではなぜ甘茶をかけますか。
_____

三、豆知識

■　金堂（大仏殿）

　国宝。当初の大仏及び大仏殿は、聖武天皇の発願により、8世紀に造られたものであったが、その後2度の兵火で焼け落ち、現存する大仏殿は江戸時代の再建である。大仏は台座と袖、脚などの一部に当初部分を残すのみで、体部の大部分は中世の作、頭部は江戸時代の作である。

■　大仏（盧舎那仏像）

　国宝指定名称は「銅造盧舎那仏坐像（金堂安置）1躯」。像高は14.7メート

ルである。大仏は『華厳経』に説く盧舎那仏という名の仏である。盧舎那仏は「蓮華蔵世界」（『華厳経』の説く世界観）の中心に位置し、大宇宙の存在そのものを象徴する仏である。

■ 二月堂

国宝。旧暦2月に「お水取り」（修二会）が行われることからこの名がある。二月堂は平重衡の兵火（1180年）、三好・松永の戦い（1567年）の2回の大火には焼け残ったとされているが、寛文7年（1667年）、お水取りの最中に失火で焼失し、2年後に再建されたのが現在の建物である。本尊は大観音（おおがんのん）、小観音（こがんのん）と呼ばれる2体の十一面観音像で、どちらも何人も見ることを許されない絶対秘仏である。建物は2005年12月、国宝に指定された。

|単語|

お水取り　　　　　　　　　　　　　　　　　　　　汲水儀式

話題 35

中華街

横浜中華街（善隣門） 　　神戸南京町 　　長崎新地中華街玄武門前

一、聞く前に

　横浜中華街（よこはまちゅうかがい）は、神奈川県横浜市中区山下町一帯に所在するチャイナタウン（中華街）である。1955年以前は唐人町や南京町と呼ばれていた。華僑の出身地は広東省が比較的多いが、中国各地に分散している。上海路、中山路、福建路など、地名を冠した路地が交差しており、各路地には、当該地の出身者が多い。所在地である中区の中国人人口は6000人を超える。これは同区で登録されている外国人の約4割にあたる。

　約0.2平方キロのエリア内に500店以上の店舗があり、日本最大かつ東アジア最大の中華街となっている。日本では、神戸南京町や長崎新地中華街とともに三大中華街とされる。

　1866年（慶応2年）の横浜新田慰留地から数えると150年弱の歴史をもつことになる。

|単語|

　　　エリア　　　　　　　　　　　　　　　　　　　　区域，地区

二、聞きましょう

　　　　　　　テーマ：中華街直通運転祝うパレード

|単語|

　　　パレード　　　　　　　　　　　　　　　　　　　盛装游行（队伍）

問題1　A、B、C、Dの中から正しい答えを一つ選びなさい。

（1）直通運転を使うと、（　　　）以上もっと速くなりました。

　　A 30　　B 35　　C 40　　D 45

問題2　文章の内容と合っているものに〇、ちがっているものに×をつけなさい。

（1）龍の舞や、民族衣装を着た女性たちによる中国伝統の踊りなどが披露されました。（　　）

（2）横浜を代表する観光地の一つ横浜中華街でも新たな観光客を呼びこもうと直通運転のスタートを祝うパレードが行われました。（　　）

問題3　次の文を完成しなさい。

（1）（＿＿＿＿＿＿＿＿＿＿）では、直通運転が始まったことを祝う（＿＿＿＿＿＿＿＿）が行われました。

（2）（＿＿＿＿＿＿＿）や、民族衣装を着た女性たちによる（＿＿＿＿＿＿＿）などが披露されました。

（3）こちらに（＿＿＿＿＿＿＿＿＿＿＿）いただいたのかな、ぜひ多くの方々きていただけばと思います。

問題4　次の質問に答えなさい。

(1) 横浜中華街では、どんなパレードが行われましたか。

　　_____

(2) パレードはなにが披露されましたか。

　　_____

三、豆知識

- **神戸中華街**

　横浜中華街、長崎新地中華街とともに日本三大チャイナタウンの一つに数えられ、東西約200m、南北110mの範囲に100あまりの店舗が軒を連ねる。店頭の路上で点心、スイーツ、食材、記念品などを売る店も多く、休日は地元の買い物客や観光客で賑わう。

　「南京町」という用語はかつて中国人街を指す一般名称であった。しかし、そのほとんどは戦後に改称したため、現在では事実上神戸のこの地区のみを指す固有名詞となっている。

　南京町の中央通りは、十字路になっていて中央の広場には「あずまや」、東は「長安門」、西は「西安門」、南は「南楼門」という名前の門があり、北は元町商店街につながる。

　午前10時頃から開店ではあるが、車両通行禁止になる午前11時までは納品車両が行き交うので歩行には注意が必要である。

　日が暮れて夜になると「長安門」や「あずまや」はライトアップされる。

- **長崎新地中華街**

　南北250メートルの十字路には長崎市の姉妹都市である福建省福州市の協力によって石畳が敷かれ、中華料理店や中国雑貨店など約40軒が軒を連ねる。中華街の四方には中華門が立てられ、町はアーチ型のイルミネーションで飾られる。毎年春節時には湊公園でランタンフェスティバルが開催される。

　表通りは人通りが多く華やかで比較的規模の大きな店が多いが、裏町（うらちょう）と呼ばれる路地には入り口も目立たず人もほとんど通らず店舗も小規模なものをわずかな数だけ設けるスペースしかない。

単語

スイーツ 甜点
納品（のうひん） 交货
イルミネーション 彩灯，照明

話題 36
ごみ分別

国立市の収集日一覧表					
収集地域	月曜日	火曜日	水曜日	木曜日	金曜日
東・中・谷保・青柳石田・泉・矢川	可燃ごみ	不燃ごみ プラスチック製容器包装 製品プラスチック類 有害物	可燃系資源物（紙類・衣類）	可燃ごみ	不燃系資源物（ビン・ペットボトル）（カン・スプレー缶）
富士見台西・北	不燃ごみ プラスチック製容器包装 製品プラスチック類 有害物	可燃ごみ	可燃系資源物（紙類・衣類）	不燃系資源物（ビン・ペットボトル）（カン・スプレー缶）	可燃ごみ

一、聞く前に

■ 日本のごみ分類について

　場所によって違うが、日本の生活ごみは大きく分別すると、以下の6種類がある。
　①可燃ごみは、たとえば台所から出る生ごみ、庭の雑草、木の枝、紙切れなど。
　②不燃ごみは、プラスチック製品、金属製品、ガラス・陶器の破片など。
　③資源ごみは、本、雑誌、新聞などの紙製品、古くなった衣類など。
　④粗大ごみは、不要になった冷蔵庫、テレビ、家具など。
　⑤切れた電池や照明器具は、それぞれ別々に透明のビニール袋に入れて捨

ねばならず。

　⑥医療廃棄物（注射針、薬瓶）などは、危険物として特別な処理を要すると決められている。

|単語|

　陶器（とうき）　　　　　　　　　　　　　　　　　　　　陶器
　破片（はへん）　　　　　　　　　　　　　　　　　　　　碎片

二、聞きましょう

テーマ：園児がごみ分別学ぶ体験学習

|単語|

　　クリーン　　　　　　　　　　　　　　　　　清潔的，干浄的

問題1　A、B、C、Dの中から正しい答えを一つ選びなさい。

（1）体験授業では、真庭北部クリーンセンターの職員（　　）人が先生役になりました。

　A 2　　B 3　　C 4　　D 5

問題2　文章の内容と合っているものに○、ちがっているものに×をつけなさい。

（1）子どもたちに水や環境について関心を持ってもらおうと体験学習が行われました。（　　）

（2）この体験授業は「ゴミ教室」と呼ばれる。（　　）

（3）体験授業ではゴミの分別のマークが描かれたパズルに取り組みました。（　　）

問題3　次の文を完成しなさい。

（1）（　　　　　　　　）と呼ばれる体験授業は、小さいうちから身近なゴ

ミや環境への関心を持ってもらおうと行われたもので、新庄村保育所の（＿＿＿＿＿）の園児や保護者、およそ（＿＿＿＿＿）が参加しました。

(2) 体験授業では、真庭北部クリーンセンターの（＿＿＿＿＿）が先生役になり、はじめに（＿＿＿＿＿）などゴミの分別のマークが描かれたパズルに取り組みました。

(3) このあと園児たちは、センターの職員に教えてもらいながら、分別されていないゴミを（＿＿＿＿）や（＿＿＿＿＿）、それに（＿＿＿＿）などを5つの種類に分けてゴミ箱に捨てる体験をしました。

問題4　次の質問に答えなさい。

(1) 何歳のこどもが、今度の体験学習に参加しましたか。

_____

(2) ごみを何種類に分けましたか。

_____

三、豆知識

ごみの出し方

　ごみの処理は日本では厳しい規定がある。たとえば、火曜日と土曜日は可燃ごみを捨てる。金曜日は不燃ごみを捨てる。土曜日は資源ごみを捨てる。粗大ごみは勝手に捨ててはならず、市や区の清掃課（環境保護センター）に取りに来てくれるよう電話をかけ、一定の料金を支払わなければならない。

　特殊ごみ（環境を汚染する物や電池のような類）は、さらにもっと厳しく、1か月にたった1～2回のみ回収される。これらの決まりを、日本人は「国家的規定で公民が必ず実施する」責任があるものと考えていて、これに反するということは、つまり違法で道徳に背くということにつながる。時には、捨

てた粗大ごみを盗む者もいるが、見つかると罰金を科せられ、起訴されることさえある。

単語

背く（そむく）　　　　　　　　　　　　　　　　違背，违抗

話題 37

JR

東北新幹線の「はやぶさ」

一、聞く前に

　JR（ジェイアール）とは、北海道旅客鉄道・東日本旅客鉄道・東海旅客鉄道・西日本旅客鉄道・四国旅客鉄道・九州旅客鉄道・日本貨物鉄道を初めとする法人の総体（企業群）である。

　1987年4月1日に日本国有鉄道（国鉄、JNR）から、地域又は分野別に事業を継承した12（その後、合併等によって数は変化している）の法人の総体であり、または各々の法人単体を指す呼称でもある。「Japan Railways」の頭字語。国鉄の英文字略称が「JNR *(Japanese National Railways)*」であったことから、「国有」を表すNを除いて「JR」とした、と説明されることも多いが、実際には「NR」（Nは日本の頭文字）などの案も検討されていた。

　総体として強調する場合、単にJRではなくJRグループと呼ぶことが多い。ただし、これらのグループ各社は別個の法人格を有する独立の会社であり、鉄道総研（JR総研）およびJRシステムを除く会社同士の株式持ち合い関係や、グループを代表して各社を統括する持株会社は存在しない。このような分散的なグループ体制に起因して、営業施策や経営戦略等において各社の独自性が強

いのが特徴であるが、一方で列車の相互乗り入れや乗車券制度の事実上の共通化等を通じた広域的な協調・連携・協力体制も構築している。

単語

持ち合い　　　　　　　　　　　　　　　　　　互相持有（股份）

二、聞きましょう

テーマ：新幹線320キロ運転試乗会

単語

ダイヤ　　　　　　　　　　　　　　　　　　列車时刻表
在来線（ざいらいせん）　　　　　　原有铁路线。在日本，指对JR
　　　　　　　　　　　　　　　　　　新干线而言的原来的铁路线

問題1　A、B、C、Dの中から正しい答えを一つ選びなさい。

(1) 国内営業速度、最速の（　　）キロに到達いたしました。

　　A 300　　B 320　　C 340　　D 360

問題2　文章の内容と合っているものに〇、ちがっているものに×をつけなさい。

(1) 仙台東京間の所要時間は、最短で、1時間35分となります。（　　）

(2) 380キロに向けて、いろいろなことを挑戦していきたい。（　　）

(3) 東北線は明治21年に開通した。（　　）

問題3　次の文を完成しなさい。

(1) (＿＿＿＿＿＿＿)の「はやぶさ」が、(＿＿＿＿＿＿＿)から、国内最高速度の時速320キロで営業運転を始めるのを前に、(＿＿＿＿＿＿＿)が行われました。

(2) 時速320キロでの運転が始まると、(＿＿＿＿＿＿＿＿)の所要時間は、最短で、現在の(＿＿＿＿＿＿＿＿＿＿)5分短縮されて1時間30分となります。

(3) 東北線が開通した(＿＿＿＿＿＿＿＿)にはおよそ(＿＿＿＿＿＿＿＿)、それが東北新幹線が開業した(＿＿＿＿＿＿＿＿＿)には大宮で在来線に乗り継いで乗車時間は(＿＿＿＿＿＿＿＿＿＿)ほどでした。

問題4 次の質問に答えなさい。

(1) いつから、国内最高速度の時速320キロで営業運転を始めますか。

　　_____

(2) 東北新幹線の「はやぶさ」は、今月16日のダイヤ改正で、最高速度を、現在の時速何キロから何キロに上げますか。

　　_____

三、豆知識

民営化から現在までの状況

　JRグループ各社は、日本国有鉄道改革法（昭和61年12月4日法律第88号）（第6条第2項（旅客会社）、第8条第2項（貨物会社））の規定により、1987年4月1日に発足した。運営等については、旅客鉄道株式会社及び日本貨物鉄道株式会社に関する法律（JR会社法）に定められた。「JR」という呼称は、同年2月20日に決められたものである。

　JR発足当初は、国鉄から移行した日本国有鉄道清算事業団が全株式を保有する特殊会社であった。なお、同事業団解散に伴い、1998年10月22日以降日本鉄道建設公団国鉄清算事業本部、2003年10月1日以降独立行政法人鉄道建設・運輸施設整備支援機構が株式を継承した。

　2001年6月27日にJR会社法が改正され、本州3社（JR東日本、JR東海、JR西日本）が本法の対象から外され、純粋民間会社（非特殊会社）化が実現した。また、本州3社の株式については順次民間への売却が行われ、2002年6月にはJR東日本、2004年3月にはJR西日本、2006年4月にはJR東海の全株

式の売却が完了し、上場している本州3社の「完全民営化」が実現した。
　また、経営安定基金の主な運用先として鉄道建設・運輸施設整備支援機構への高金利による貸付であり、実質的に補助金にあたる。なお、JR北海道は、2000年頃のITバブルで株価が急回復したことを受けて、2002年頃の上場を計画していたが、その後の株価低迷により、見送りの状態が続いている。現時点では九州新幹線（鹿児島ルート）開業により収益が黒字に転じたJR九州が上場を目標に掲げており、最も実現の見込みが高いといわれている。

単語

　　　貸付（かしつけ）　　　　　　　　　　　　　　　　　出借，出租，貸款

話題 38

雪害

一、聞く前に

- **雪害について**

　雪による災害を総称して雪害という。積雪、特に短期間に大量の雪が降る大雪・豪雪の場合、積雪が道路や線路を覆うことにより交通障害が発生し、滑りやすくなった路面で転倒などの怪我をしやすくなる。気温 0℃前後では着雪も起きやすくなり電車の架線に付着して交通障害を悪化させるほか、電線に付着して電力や通信に障害を引き起こす。さらに気温 0℃以下の低温では圧雪や路面凍結よって路面の滑りやすさが極端に増す。

　積雪が継続すると、家屋の屋根に積もる積雪が重くなり、家屋を押しつぶすことがある。積雪による倒壊は家屋に限らず、屋根を持つ建造物に広く起こりうる。また、屋根の雪おろしの際の転落や道路の除雪の際の事故など雪の時期特有の事故も発生する。季節外れの雪はビニールハウスの倒壊や農作物への障害などをもたらすことがある。

単語

着雪（ちゃくせつ）　　　　　　　　　　　　雪附着在电线、树枝等上

二、聞きましょう

テーマ：雪に埋まった女性　携帯で通報

単語

雪に埋まる（ゆきにうまる）　　　　　　　　埋在雪中
除雪作業（じょせつさぎょう）　　　　　　　扫雪
身動きが取れない（みうごきがとれない）　　动不了
下敷き（したじき）　　　　　　　　　　　　被压在底下
せり出す（せりだす）　　　　　　　　　　　伸出，露出
シャベル　　　　　　　　　　　　　　　　　铁铲

問題1　A、B、C、Dの中から正しい答えを一つ選びなさい。

（1）今日午前（　　）ごろ、弘前市高屋の住宅で、1人で除雪作業をしていた女性が突然落ちてきた屋根雪に埋まりました。

　　A　11時20分　　B　12時20分　　C　11時10分　　D　12時20分

問題2　文章の内容と合っているものに〇、ちがっているものに×をつけなさい。

（1）弘前市で1人で家の除雪作業をした50代の女性が落ちてきた屋根雪に埋まり、身動きが取れなくなりましたが、無事救助されました。（　　）

（2）女性は携帯電話を取り出して、消防に通報することができ、消防によって無事救助されました。（　　）

（3）青森県内では昨日も五所川原市で、1人で屋根の雪下ろしをしていたと見られる57歳の女性が軒下で雪の中に埋まって死亡しているのが見つかりました。（　　）

問題3 次の文を完成しなさい。

(1) 今日午前、青森県弘前市で1人で家の（_____）をしていた60代の女性が落ちてきた屋根雪に埋まり、身動きが取れなくなりましたが、（_____）でみずから消防に通報し、無事救助されました。

(2) 女性によりますと、当時、（_____）からせり出した厚さ60センチほどの屋根雪を地面に落とそうと、（_____）シャベルで切り落とそうとしていたということです。

(3) 青森県内では（_____）も五所川原市で、1人で屋根の雪下ろしをしていたと見られる（_____）が軒下で雪の中に埋まって死亡しているのが見つかるなど雪の事故が相次いでいて、この冬の死者は合わせて（_____）。

問題4 次の質問に答えなさい。

(1) 60代の女性はどのようにゆきにうまったのですか。

_____

(2) 消防では何と注意を呼びかけていますか。

_____

三、豆知識

雪による事故の死者55人

　この冬、雪下ろし中に屋根から転落するなどして亡くなった人は、この1週間でさらに12人増えて、全国で55人に上って、総務省消防庁は、安全を十分に確保したうえで作業にあたるよう呼びかけている。

　総務省消防庁のまとめによると、この冬に、交通事故や山岳遭難以外の雪に関係する事故で死亡した人は、今月27日に福島県喜多方市で70代の男女2人

が、それぞれ自宅の近くで屋根から滑り落ちた雪に埋もれて死亡しているのが見つかるなど、この1週間で12人増え、11の道と県で合わせて55人に上っている。

道県別の死者数は、北海道が18人と最も多く、次いで秋田県で12人、青森県で7人、山形県で5人、福島県で4人などとなっている。

原因別では、屋根の雪下ろし中に転落したり、除雪車に巻き込まれたりするなど、除雪中の事故で死亡した人が46人、屋根から落ちた雪の下敷きになった人が5人、雪崩に巻き込まれた人が1人などとなっている。

また、亡くなった人の4分の3が65歳以上の高齢者となっています。

総務省消防庁は「高い所で除雪をする場合は、命綱やヘルメット、滑りにくい靴を装着するなど安全対策を十分にとってほしい」と呼びかけています。

単語

命綱（いのちづな）	安全帯，保険縄
ヘルメット	安全帽

話題 39

インフルエンザ

一、聞く前に

　インフルエンザとはインフルエンザウイルスによる急性感染症の一種で流行性感冒、略称・流感ともいう。発病すると、高熱などを伴う風邪の様な症状があらわれる。急性脳症や二次感染により死亡することもある。

- **症状**：

　風邪（普通感冒）とは異なり、比較的急速に出現する悪寒、発熱、頭痛、全身倦怠感、筋肉痛を特徴とし、咽頭痛(いんとうつう)、鼻汁（はなじる）、鼻閉（びへい）、咳（せき）、痰（たん）などの気道炎症状を伴う。腹痛、嘔吐（おうと）、下痢といった胃腸症状を伴う場合もある。

　合併症として肺炎とインフルエンザ脳症がある。

- **疫学**：

　感染経路は咳やくしゃみなどによる飛沫感染が主と言われている。一般的には経口・経鼻で呼吸器系に感染する。飛沫（ひまつ）核感染（空気感染）や接触感染など違った形式によるものもある。予防においては、有症状患者のマスク着用が有用であり、飛沫感染防止に特に効果的であるが、形状や機能性などによっては完全に防げない場合もある。マスクのみでは飛沫核感染や接触感染を防ぐことができないため、手洗いなどの対策も必要である。

　潜伏（せんぷく）期間は1-2日が通常であるが、最大7日までである。

　感染者が他人へウイルスを伝播させる時期は発症の前日から症状が軽快してのちおよそ2日後までである。症状が軽快してから2日ほど経つまでは通勤や通学は控えた方がよい。

二、聞きましょう

テーマ：インフルエンザ患者推計で214万

単語

ピーク　　　　　　　　　　　　　　　　　　　　　　高峰，高潮
上回る（うわまわる）　　　　　　　　　　　　　　　超出，超过

問題1　A、B、C、Dの中から正しい答えを一つ選びなさい。

(1) 平成（　　）年に当時の新型インフルエンザが流行しました。

　　A　20　　　B　21　　　C　22　　　D　23

問題2　文章の内容と合っているものに〇、ちがっているものに×をつけなさい。

(1) 先月27日までの1週間に各地の医療機関を受診したインフルエンザの患者は、前の週よりも74万人増えました。（　　）

(2) 年齢別では、5歳から9歳が45万人と最も多く、次いで10歳から14歳が20万人、30代が26万人などとなっていてます。（　　）

(3) 小学校や中学校での流行に加え、その親に当たる世代でも感染が広がっています。（　　）

問題3　次の文を完成しなさい。

(1) インフルエンザの流行が全国でさらに拡大し、（　　　　　　）までの1週間に医療機関を受診した患者は去年のピーク時を上回る（　　　　　　）に上ったとみられることが分かりました。

(2) 流行状況を示す1つの医療機関当たりの患者の数は（　　　　　　）で、新潟県が（　　　　　　）、千葉県が53.22人、長崎県が50.91人などすべての都道府県で前の週を上回りました。

問題4　次の質問に答えなさい。

(1) 去年のピーク時の患者数はどのぐらいですか。

_____

(2) インフルエンザ感染を防ぐためになにか対策がありますか。

_____

三、豆知識

はしかとは

「はしか」は漢字で書くと「麻疹」(読みは本来「ましん」)である。

麻疹ウイルスによる感染症で、潜伏期間は10日前後、発症するとまず咳や40度近い高熱が出る。そして口の中や顔から湿疹が出始め、全身に広がる。高熱と顔や口の中にもできる湿疹のために水分の摂取も難しくなって体力を急激に消耗してしまう。重症になると肺炎や中耳炎を併発することがあり、ごくまれだが脳炎を起こすこともあり得るという。

また、もうひとつの特徴として、その感染力の高さが挙げられる。

感染源となるのはくしゃみや咳で、目に見えない飛沫がかかることでダイレクトに感染する「飛沫感染」もさることながら、その飛沫が蒸発して更に細かくなって空気中を漂って感染する(空気感染)ことで、一気に感染力が高まる。

単語

　　ダイレクト　　　　　　　　　　　　　　　　　　直接的, 径直的

話題 40

花粉症

花粉の電子顕微鏡写真　　　杉　　　ヒノキ

一、聞く前に

花粉症について

　花粉の飛散期に一致して、目のかゆみ、充血、流涙、くしゃみ、水様鼻汁、鼻閉（鼻づまり）など、目・鼻アレルギー症状を呈するものをいう。季節性発症が特徴でもあるので季節性鼻炎ともいい、欧米では枯草（こそう）熱 (hay fever) ともいわれる。花粉による喘息（ぜんそく）は花粉症には含めず、花粉喘息という。花粉喘息を伴っているときは喘息合併花粉症という。

　原因となる花粉は風媒花粉が主で、日本で重要なものに、春のスギ、ヒノキ、シラカンバなど、秋のブタクサ、ヨモギ、カナムグラなどのほか、春から秋にかけてはカモガヤ、ホソムギ、オオアワガエリ、ナガハグサといったイネ科植物がある。とくにスギの花粉は2月上旬から飛散し、4月上旬にかけてピークを形成するが、抗原性が強く、飛散量も多いので、近年患者が増加している。

単語

アレルギー	过敏反应
スギ	杉树
ヒノキ	扁柏
シラカンバ	白桦
ブタクサ	豚草
ヨモギ	艾蒿
カナムグラ	葎草
カモガヤ	鸡脚草
ホソムギ	细麦
オオアワガエリ	梯牧草
ナガハグサ	早熟禾草

二、聞きましょう

テーマ：スギ花粉　来月上旬から飛散か

単語

見込み（みこみ）	预定，估计

問題1　A、B、C、Dの中から正しい答えを一つ選びなさい。

(1) スギの花粉が飛び始める時期は、全国的に例年よりも（　　）日前後遅くなると予測されています。

　　A 2　　B 3　　C 4　　D 5

問題2　文章の内容と合っているものに〇、ちがっているものに×をつけなさい。

(1) ことし、スギの花粉が飛び始める時期は、最も早いところでは来月中旬ごろと予測されています。（　　）

(2) ことしスギの花粉が飛び始める時期は最も早いのが九州の一部です。（　　）

(3) ことしスギの花粉が飛び始める時期は中国と近畿のそれぞれ北部、北陸、関東北部などで来月下旬ごろと予想されます。（　　）

問題3　次の文を完成しなさい。

(1) ことし、スギの花粉が飛び始める時期は、全国的に例年よりも（　　　　）なり、最も早いところでは（　　　　　　　）と予測されています。

(2) 最も早いのが（　　　　　　　）で（　　　　　　　）ごろです。

(3) 花粉の飛ぶ量は、（　　　　　　　　　　　　　　）を除いて全国的に（　　　　　　　）なる見通しです。

問題4　次の質問に答えなさい。

(1) 花粉が飛び始める時期はどうして例年より3日前後遅くなりますか。
_____

(2) 関東北部で、スギやヒノキの花粉の飛ぶ量がピークとなる時期はいつですか。
_____

三、豆知識

花粉症予防：生活上の注意点六か条

1. 外出はなるべく避けましょう。
2. マスク、眼鏡、帽子、マフラーを着用して花粉を遠ざけましょう。
3. 花粉を家の中に入れないようにしましょう。
4. ファストフードや加工食品の摂りすぎに注意し、バランスのとれた食生活に改善しましょう。
5. たばこやお酒、刺激性の強い香辛料などの摂取は控え目にしましょう。
6. 皮膚を鍛え、ストレスをなくすよう心がけましょう。

答え

話題1　富士山

一、聞く前に

訳文：

富士山的基本数据

　　富士山是一座横跨静冈县和山梨县的活火山。

　　海拔3776米，是日本的最高山峰，同时被列入日本三大名山（三灵山）、日本百座名山、日本的地貌百选。还在1936年（昭和11年）被纳入到富士箱根伊豆国立公园。在1952年（昭和27年）被指定为特别名胜，在2011年（平成23年）被指定为历史遗迹，2013年6月获批世界文化遗产。

作为活火山的富士山

　　富士山是至今仍有喷发可能性的活火山。过去也曾喷发过数次。

　　最近的一次为1707年。在这次叫作宝永喷发的49天前，在南海槽发生了8.6级宝永地震。

　　据防灾科学技术研究所等研究所知，这次在2011年3月11日发生的东日本大地震和4天后3月15日富士山周边发生的6.4级地震所造成的巨大压力可能引起岩浆喷发。导致火山喷发的原因很多，这次对岩浆造成的压力比之前的宝永地震时更强，对富士山造成的影响不可小觑。

二、聞きましょう

原文：

富士山と桜の絵画展

　　富士山や桜を題材にした絵画の作品展が三重県菰野町で開かれています。菰野町の美術館、パラミタミュージアムで開かれている作品展にはおよそ70点が展示されています。江戸時代中期の画家、円山応挙の『富士三保松原図屏風』、金ぱくの屏風に雄大な富士山が描かれています。

　　文化勲章を受章した日本画家で美術界の発展に尽くした奥田元宋の『春耀』は、しだれ桜の満開の様子が華やかに描かれています。

　　「ぜひお気に入りの一点をですね、見つけていただいて、その前にゆっくりただずんで一点をゆっくり鑑賞していただければ、ほんとうに一番よろしいかと思います。」この展示会は来月六日まで開かれています。

訳文：

富士山和樱花画展

三重县菰野町美术馆举办以富士山和樱花为主题的画展，共展出70件作品，其中江户时代中期画家元山应举的作品《富士三保松原图屏风》中展现了富士山的雄伟壮观。

文化勋章得主奥田元宋为日本美术界的发展做出了巨大的贡献，他在画作《春耀》中展现了樱花的绚丽多彩。

他接受采访时说："找到一处你中意的地方，静静地伫立在它的前面，好好地欣赏的话，真的是最好不过的了。"

此次画展将会举行到下月六号。

問題1　A、B、C、Dの中から正しい答えを一つ選びなさい。
(1) B

問題2　文章の内容と合っているものに○、ちがっているものに×をつけなさい。
(1) ○
(2) ×

問題3　次の文を完成しなさい。
(1) 富士山や桜、三重県
(2) 作品展、70点

問題4　次の質問に答えなさい。
(1) 三重県菰野町で開かれました。
(2) 70点が展示されました。

三、豆知識

訳文：

富士登山

富士山一般在每年7月1日开山，8月26日封山。静冈县的富士宫口、须走口、御殿场口，山梨县的吉田口是现在使用的主要登山路线。

登富士山有四条登山路线，一般开车或坐公交车到达半山腰。

各条路线同样到达半山腰，但海拔和到山顶的距离各不相同，也不知道到底是以什么为标准，所以必须在登富士山之前选择好登山线路。

下面简单介绍一下各条路线的特征。

各条登山路线比较表

	吉田口	须走口	御殿场口	富士宫口
登山起始海拔	2305m	2000m	1440m	2400m
到山顶的海拔差	1471m	1776m	2336m	1376m
登山的快感	△	△	×	○
下山的快感	△	○	○	×
山上小屋的数量	26间	13间	7间	9间
人数	很多	较少	少	多
登山途中风景	○	○	○	×
到顶峰的距离	远	远	近	最近
停车场的拥挤程度	非常拥挤	一般	空	拥挤

話題2 桜

一、聞く前に

訳文：

樱花的历史

　　樱花是谷物之神寄宿之地，又与稻作神事（古时种稻之前的祭神仪式）有关，对农业而言，很久以前就是非常重要的东西。另外，樱花开花又与其他自然现象有关，被认为是农业生产开始的指向灯，所以各地有"插秧参照樱花"，"播种参照樱花"之说。这种情况多数是指樱花，但也有虽然叫"樱"，却指其他树的可能。

日本人与樱花

　　樱花不仅在开花的时候是人们欣赏的对象，其凋零时的无常与纯洁亦是人们玩味的对象。从古至今，樱花给人带来诸行无常的感觉。瞬间开放，又骤然凋谢的样子映照出同样短暂无常的人生。

　　樱花作为春天的象征，在日本人心中早已熟识，它向人们宣告着春天的正式到来。樱花的开花预报、开花速报是媒体热衷报道的对象。作为话题以及大家关

心的对象，其受到追捧的场景绝对压倒其他花种。为了春季开学典礼上看到鲜花，众多学校都选择种植樱花。

仅仅根据手机网络进行的调查，就有八成的人回答"非常喜欢樱花"。从九州到关东平原，樱花开放时间都接近于年度更替之时。樱花的人气也与各种生活变化时期相关。

二、聞きましょう

原文：

沖縄 早くも「さくら祭り」

沖縄県の名護市では、ヒカンザクラが三分咲きです。今日から恒例の名護「さくら祭り」が始まりました。

ヒカン桜は釣り鐘状に下向きに咲き、鮮やかなピンク色が特徴です。今日はたくさんの家族連れや観光客が訪れ、凡そ、5000本の桜とあざやかな青い海をバックに記念写真を撮り、一足早い春を楽しんでいました。

「これから春をもう感じてしまいました。かわいらしくて、ピンクでいいなあと思います。」

「名護さくら祭り」はあすまで開かれています。

訳文：

冲绳县樱花节

冲绳县的名护市钟花樱刚刚开放，从今天开始将举办一年一度的名护樱花节。

此地的樱花最大的特点是花朵像吊钟一样向下开放，颜色为鲜艳的粉红色。今天很多游客来赏樱花，并以5000棵樱花和大海为背景拍照留念，共同享受早春带来的快乐。

"粉红的樱花很漂亮，感觉到春天真的来了。"

名护樱花节到明天结束。

問題1　A、B、C、Dの中から正しい答えを一つ選びなさい。
　(1)　A

問題2　文章の内容と合っているものに○、ちがっているものに×をつけなさい。
　(1)○
　(2)×
　(3)×

問題3 次の文を完成しなさい。
(1) 釣り鐘状に下向き、ピンク色
(2) 家族連れや観光客、一足早い春
(3)「名護さくら祭り」、あす

問題4 次の質問に答えなさい。
(1) 釣り鐘状に下向きに咲き、鮮やかなピンク色が特徴です。
(2) あすまでです。

三、豆知識

訳文：

樱花的食用

　　花瓣本身用盐腌渍之后会释放出很好的香味，所以用来增加点心、夹心面包等的香味。盐渍花瓣放在茶杯中，倒进茶或热水花瓣慢慢展开，多用于庆贺仪式上。婚礼、相亲等场合不喜欢用"浊茶"，所以多数不用茶叶而用樱花茶。

　　樱花树叶腌渍之后也可以作为食品。樱饼是用腌渍的树叶包起来的。腌渍樱叶常用大岛樱，盛产于伊豆半岛南部。此外樱花叶也有用糖汁腌制的。

話題3　温泉

一、聞く前に

訳文：

日本三大温泉—草津温泉

　　草津温泉坐落于群马县吾妻郡草津町。被称为林罗山的日本三大名泉之一。草津温泉是在江户时代的温泉排名中，排名最高的温泉，是日本最具代表性的温泉之一。

泉质

　　草津温泉的水基本上是酸性泉水。根据泉源的不同也能看见硫磺泉等。酸性较强，PH值为2左右。由于这种强酸性，所以在下流的品木水库里建设了酸性中和设施。这种泉水对皮肤病、神经性疼痛、糖尿病等疾病有疗效。

　　草津温泉被认为是从草津白根山向东流的地下水与火山气相遇形成的。主要是从降水的数月开始至数年的比较新的地下水，涌出量受到之前降水量的影响。而且，越接近白根山山顶，水的PH值越低，所含成分也会发生变化。

二、聞きましょう

原文：
松山　道後温泉まつり始まる

　松山市の道後温泉で、温泉街に春を告げる「道後温泉まつり」が始まりました。初日の今日は、市営の入浴施設「道後温泉本館」の脇で、湯の恵みに感謝する「湯祈祷（ゆきとう）」が行われ、旅館やホテルから持ち寄った、竹筒に入ったお湯を湯神社の神職が清めました。

　このあと、温泉の湧き出し口「湯釜」をかたどったみこしが、湯神社に向かって練り歩き、竹筒に入った湯を奉納して、温泉街の繁栄を祈願しました。

　「非常にいい温泉祭りのスタートが切れたと思いますね。お客様をたくさんお迎えして、お過ごしをしていただきたいな、そんな思いで、今日はお祭りをさせていただきたいと思います。」

訳文：
松山道后温泉节开幕

　在松山市的道后温泉举行了报春的道后温泉节，今天是第一天，在市营的入浴场所道后温泉馆旁边举行了祈祷仪式，表达感恩之情，由神职人员对旅馆温泉的竹筒进行了清洗。

　之后，人们抬着模仿温泉喷水器皿制作的神轿走向神社，祈祷温泉街繁荣昌盛。

　"这是一次很好的温泉节的开端。为了欢迎众多游客前来，我们特意举办了今天的温泉节。"

問題1　A、B、C、Dの中から正しい答えを一つ選びなさい。
（1）A

問題2　文章の内容と合っているものに○、ちがっているものに×をつけなさい。
（1）○
（2）×

問題3　次の文を完成しなさい。
（1）温泉街に、春を告げる
（2）温泉の湧き出し口、温泉街の繁栄

問題4　次の質問に答えなさい。
（1）道後温泉で、温泉街に春を告げる「道後温泉まつり」が始まり、湯の恵みに感謝する「湯祈祷（ゆきとう）」と呼ばれる神事が行われました。
（2）「非常にいい温泉祭りのスタートが切れたと思いますね。お客様をたくさんお迎えして、お過ごしいただきたいな、そんな思いで、今日はおりをさせていただきたいと思います。」と話していました。

三、豆知識

訳文：

日本三大温泉——下吕温泉和有马温泉

下吕温泉坐落于岐阜县下吕市（旧飞騨国益田郡）。因为与有马温泉、草津温泉并称为林罗山的三大名泉，所以被称为"日本三名泉"。

泉质

纯碱性温泉

温泉街

从下吕站开始，以飞騨川（益田川）沿线为中心，旅馆、饭店林立。既有道路狭窄车流量大的场所，又有可以穿着木屐和浴衣休闲地散步的地方。

有马温泉在兵库县神户市北区（旧摄津国），是日本最古老的三大温泉之一，被称作林罗山的三大名泉和枕草子的三大名泉，江户时代有马温泉是当时地位最高的西大关温泉，是日本名副其实的名泉之一，它与濑户内海国立公园相邻。

泉质

地质方面，因为有马高规构造线是活断层，温泉在其西端，岩盘一直裂到地下深处，地下深处的水通过裂缝喷发而出。

泉水的质量根据涌出的场所而有不同，有如下三种：呈褐色的是含大量盐分和铁分的含铁氯化物泉，含大量镭的放射能泉，含有大量碳酸的碳酸氢钠泉。它们在出水口处虽然是透明的，但和空气接触后，含铁盐化物泉（红色温泉）被称作金泉，除此以外的温泉称为银泉。但是不同的泉源其成分有所不同。另外，"金泉"、"银泉"这个名称是有马温泉旅馆协同组合的注册商标（金泉：第3295652号、第4672302号、银泉：第4672303号），所以这些名称不能随便使用。

近年，根据放射性同位素的成分分析发现，金泉的起源并不是濑户内海，而是太平洋的海水。

金泉：含铁钠氯化物强盐度的高温温泉

由于铁分多，毛巾长时间搭着会被染成红褐色

银泉：碳酸镭混合低温温泉

泉源：天神泉源、有明泉源、碳酸泉源、太阁泉（饮泉场）、极乐泉源、皇宫泉源、妬泉源

話題4　神社

一、聞く前に

訳文：

　　神社是在神道信仰的基础上建造的永久的祭祀设施。将鸟居内的地盘视为有神灵镇守的神域。神社有式年迁宫的习俗，有时每隔数年就会建造新的社殿。

　　在古代，即使没有社殿的地方也叫"神社"。是对寄宿了神的山、瀑布、岩石、森林、巨树等表示敬畏，和普通的山、瀑布、岩石、森林、巨树相区别。现在有社殿的神社被认为是神从这些神体上被转移祭祀的祭殿。和教会、寺院的礼拜堂、说法布教的场所的主旨不同。

　　现在神社中除了参拜用的设施外，还多备有结婚仪式用的设备。战前将所谓的"国家神道"称之为"神社"。

二、聞きましょう

原文：

阿蘇神社で火振り神事

　阿蘇市の阿蘇神社で燃えさかるたいまつを振り回して五穀豊穣を願う「火振り神事」が昨夜、行われました。

　火振り神事は神々の婚礼を祝うもので、阿蘇神社に1000年以上前から伝わる祭事のひとつとして国の重要無形民俗文化財に指定されています。

　昨夜7時に「姫神」のご神体が神社に到着すると、縄が結ばれたカヤのたいまつに火が付けられ、参道で、氏子たちが一斉に神々の結婚を祝う「火振り」を始めました。

　そして、結婚した神々の2つのご神体が火振りの炎に送られて神社を出発すると、火振りには訪れた一般の人たちも加わりました。

　用意された1400個のたいまつに次々と火が付けられて、参道にはいくつもの火振りの炎の輪が浮かび上がり、あたりは幻想的な雰囲気に包まれていました。

　「初めての経験で、感動しました。初めて、こんな火をまわすの、こういう世界があるのに、もう出会えて、すごく幸せです。」

訳文：

阿苏神社的火把节

昨晚，在阿苏市的阿苏神社举行了火把节，人们挥舞着火把，祈祷能够五谷丰登。火把节是庆祝神的婚礼而举行的庆祝活动，有1000多年的历史，已被认定是国家的重要无形文化遗产。

昨晚7点女神降临，人们将火把点燃，一起庆祝神的婚礼。

举行婚礼的两位神仙随着火焰慢慢升天，很多游客目睹了这一盛状。提前准备好的1400个火把依次被点燃，火焰冉冉升起，现场如梦如幻。

"第一次参加这样的活动，深受感动。第一次挥动火把，在这样一个如梦如幻的世界里，能来到这里觉得非常的幸福。"

問題1　A、B、C、Dの中から正しい答えを一つ選びなさい。
(1)　C

問題2　文章の内容と合っているものに〇、ちがっているものに×をつけなさい。
(1)　〇
(2)　×
(3)　×

問題3　次の文を完成しなさい。
(1)　阿蘇市の阿蘇神社、火振り神事
(2)　火が付けられ、神々の結婚
(3)　1400個のたいまつ、火が付けられて

問題4　次の質問に答えなさい。
(1)　神々の婚礼を祝う神事です。
(2)　1000年以上前から伝わる祭事です。

三、豆知識

訳文：

神社的名称

神社的命名方法各种各样。最普通的是根据地名来起名。

也有叫"～坐神社"的。也有很多冠以祭神名的，此外还有冠以奉斋的氏族名字的，冠以与祭神有关的词语的，表示神社种类的、祭神的座数的等。还有不少出处不详的神社名。像稻荷神社、八幡宫等遍布全国的神社，它们的神社名往往被用于地名的时候也较多。

天满宫是音读，八幡宫、浅间神社是音读加训读，用音读的社号是受佛教的

影响。天满宫的祭神天满天神受佛教的影响，所以用的是汉语的社名。八幡宫和浅间神社本来用训读读作「やわた」、「あさま」，但是神佛习合下受佛教影响，音读就流传下来了。

　　另外，现代以来，原则上所有的神社都称为"～神社"（宫号、神宫号除外），"～明神"、"～权现"等以及用神名作社号的"～稻荷""～八幡"、省略了"神社"部分名称的"～社"等原则上全部称作"～神社"。有人说这与禁止使用权现号有关，起因于排佛政策，但还不如说是因为便于国家管理吧。

　　近代以来至二战结束，神社是国家的设施，根据法令上的规定，"神社"需具备一定的设备和财产等条件，不满足该条件的不能成为"神社"。

話題5　お祭り

一、聞く前に

訳文：

　　高山祭是每年在岐阜县高山市举行祭祀活动，与京都的祇园祭、琦玉县秩父市的秩父夜祭并称日本三大曳山祭。此外，高山祭与京都的祇园祭、滋贺县长滨市的长滨曳山祭并称为日本三大山车祭。而且，在1996年6月9日高山祭的彩车被认定为重要的有形民俗文化遗产。1979年2月3日，高山祭的彩车游行活动被认定为重要的无形民俗文化遗产。全国被认定为有形、无形，两者兼备的民俗文化遗产的只有五件，高山祭就是其中一件。

　　作为日枝神社例行祭祀活动的春天的山王祭在4月14日到15日举行，作为樱山八幡宫例行祭祀的秋天的八幡祭在10月9日到10日举行。

二、聞きましょう

原文：

春の高山祭をのぼりでPR

　飛騨地方に春を告げる「春の高山祭」を1か月後にひかえて、祭りの雰囲気を盛り上げようと、JR高山駅前に、祭りをPRする大きな「のぼり」が設置されました。けんらん豪華な12台の祭り屋台が古い町並みを練り歩く「春の高山祭」は、飛騨地方に春を告げる祭りとして知られ、全国から多くの観光客が訪れます。

　高山祭の「のぼり」は、祭りの雰囲気を盛り上げようと毎年、祭りの1か月

前に高山観光の玄関口、ＪＲ高山駅前に立てられます。

　今日は午前8時半から「のぼり」の設置作業が行われ、高山市から委託を受けた業者が「飛騨高山祭」の文字が染め抜かれた、高さ15メートルの2本の「のぼり」とちょうちんをクレーン車を使って立てていきました。

　今朝の高山市は、最低気温が氷点下0.7度で時折雪が舞う風が冷たい天気となりましたが、駅に降り立った観光客や地元の人たちが作業の様子を見守ったり、写真を撮ったりしていました。

　「また高山祭り来ようと思います。」

　「春になってきていますので、お客様たくさんふえてきますので、また、もっと来ていただくように、この「のぼり」旗を設置して、ＰＲしてます。」

　春の高山祭は来月14日と15日の2日間開かれ、18万人の観光客が見込まれています。

訳文：

悬挂条幅为高山节宣传造势

　　在宣告春天到来的飞驒地区"春天高山节"举行一个月之前，为了渲染气氛，在JR高山站前悬挂上宣传高山节的巨大条幅。12个绚丽豪华的游行花车在古城里结队缓行的"春天高山节"作为飞驒地区报春的节日广为人知，众多游客从全国各地慕名而来。

　　为了宣传造势，高山节的前一个月就会在作为高山地区观光的第一站JR高山站前悬挂条幅。

　　今天上午从8点半开始悬挂条幅，高山市委托的工作人员将高15米的两个印有"飞驒高山节"的条幅用吊车悬挂起来。

　　今早高山市的最低气温是零下0.7度，偶尔还会飘起雪花，游客和当地居民目睹了悬挂条幅的场景，纷纷拍照留念。

　　"还会来参加高山节"

　　"春天来了，希望有更多的游客来参加高山节，悬挂条幅是一种很好的宣传手段。"

　　高山节在下个月14、15号举行，预计将有18万人前来参观。

問題１　Ａ、Ｂ、Ｃ、Ｄの中から正しい答えを一つ選びなさい。
　（1）Ｂ

問題２　文章の内容と合っているものに〇、ちがっているものに×をつけなさい。
　（1）〇
　（2）×
　（3）×

問題３　次の文を完成しなさい。

(1) １か月後、大きな「のぼり」

(2) 14日は午前８時半、高さ15メートルの２本

(3) 来月14日と15日の２日間、18万人の観光客

問題４　次の質問に答えなさい。

(1) 大きな「のぼり」が設置されました。

(2) 来月14日と15日に行われます。

三、豆知識

訳文：

日本的三大祭祀活动

神田祭（东京）

神田祭是在东京的神田明社举行的祭祀活动，与山王祭、深川祭并称江户三大祭祀活动。并且与京都的祇园祭、大阪的天神祭并称日本的三大祭祀活动。祭祀活动本来在9月15日举行，现在已经改为5月中旬了。

祇园祭（京都市）

7月17日迎来了最高峰的祭祀彩车的巡游活动。八坂神社的祭祀活动祇园祭，可以算得上与秩父夜祭、飞弹高山祭并称的日本三大曳山祭之一。并且，祇园祭也与5月15日的葵祭，10月22日的时代祭并称京都三大祭祀活动之一。

天神祭（大阪市）

天神祭与生国魂神社的生玉夏祭、住吉大社的住吉祭并称为大阪的三大夏天的祭祀活动之一。举行时间为6月下旬的吉日到7月25日，在大约一个月的时间里，举行各种活动。尤其是在25日的时候，在主神社的夜晚，在大河（旧淀川）上举行有许多船交汇往来的"船渡御"和祭祀神佛的烟火大会。由于大河上映出篝火、点亮的灯笼和烟花的美丽景象，所以也被称为水火祭典。24日在宵宫、25日在主神社还会举行矛流神事、陆渡御等祭祀活动。

話題６　こどもの日とひな祭り

一、聞く前に

訳文：

儿童节

5月5日是日本的男孩节，是日本全国性的节日之一。这一天，有男孩的家

里都摆上模仿武者、古代的英雄之类的人偶，挂起鲤鱼旗。据说鲤鱼有逆流而上之气势，所以被认为是成功的象征。在这一天洗澡时还会在浴缸内放入从古代传下来的据说有药效的菖蒲。而且还会供奉柏饼。

女孩节

女孩节是祈祷女孩子能够健康成长的节日。也叫作摆人偶游戏。在每年的3月3日进行。但是一部分地区仍然在旧历的3月3日或是新历的4月3日进行（多是东北、北陆等积雪、寒冷的地方）。按照旧历，这是桃花开放的季节，所以也被称作"桃花节"。

二、聞きましょう

原文：

約1000体のひな人形展示

　ひな祭りを前に高さ6メートルのひな壇に1000体のひな人形を並べた大きなひな飾りが須坂市の博物館に登場し、訪れる人たちを驚かせています。

　須坂市にある「須坂アートパーク」では敷地内にある博物館や美術館で毎年、江戸時代後期から現代までのひな人形あわせておよそ6000体を展示しています。

　このうち「世界の民俗人形博物館」には高さ6メートル、30段あるひな壇に全国から贈られたひな人形およそ1000体を並べた大きなひな飾りが展示されています。このひな飾りは正面から見ると大きなハートの形に見えるようぼんぼりが並べられ、さらにその中にも桜の飾りでもうひとつのハート型が作られています。

　このほか会場には昭和20年代から平成まで作られた時期ごとにひな飾りが並べられていて、人形のサイズが徐々に大きくなり顔の作りもその時期の流行によって移り変わっていく様子が分かるようになっています。

　「古いものから新しいものまでさまざまのお雛さまがあるので、お雛様ってこういうものなんだって、あの、いろいろこめられた思い出が感じていただけたらなあと思います。」

　ひな飾りの展示は4月21日まで行われています。

訳文：

女孩节偶人展

女孩节前夕，须坂市博物馆展出了1000个偶人，偶人展台高6米，令人叹为观止。

须坂市艺术公园的美术馆和博物馆每年都举行偶人展，目前为止共展出江户时代后期到近代的偶人6000个。

前不久，在世界民俗偶人博物馆中展出了来自全国各地的1000个偶人，偶人展台有30层，高6米，展台用灯围成一个心形，中间用樱花摆成一个小心形。

另外，展台的偶人按照从昭和20年到平成不同年代来摆放，可以看出随着时代的推进，偶人的尺寸在逐渐变大，脸型也跟随着潮流的变化而变化。

工作人员说："展出偶人有新有旧、形态各异，也许可以勾起大家的很多回忆。"

此次偶人展到4月21日结束。

問題1　A、B、C、Dの中から正しい答えを一つ選びなさい。
(1)　A

問題2　文章の内容と合っているものに〇、ちがっているものに×をつけなさい。
(1)　×
(2)　×
(3)　〇

問題3　次の文を完成しなさい。
(1)　江戸時代後期、6000体
(2)　大きなハート、桜の飾り
(3)　昭和20年代、平成、顔の作り

問題4　次の質問に答えなさい。
(1)　ひな祭りは3月3日で、女の子がいる家庭で雛人形を飾ります。
(2)　「世界の民俗人形博物館」には高さ6メートル、30段あるひな壇に全国から贈られたひな人形およそ1000体を並べた大きなひな飾りが展示されています。

三、豆知識

鲤鱼旗

儿童节的第一象征就是鲤鱼旗。所谓的鲤鱼旗就是将用布做的鲤鱼用竿立在家门前。鲤鱼旗非常大，随着孩子的年龄鲤鱼旗的大小有变化，有的竟达到9米以上。鲤鱼的数量取决于家里孩子的数量，最小的是给最小的孩子准备的，最大的是给最大的孩子准备的。由于鲤鱼可以逆流而上，所以在日本被视为顽强的生命力和勇气的象征。

女孩节

女孩节是摆以男人偶和女人偶为中心的人偶、装饰桃花、喝白酒和吃寿司的节日。本来所谓的"内里雏"是指男人偶和女人偶的一对，但是因为《开心的女

孩节》这首童谣的歌词中将男人偶叫作"内里"，将女人偶叫作"雏"的广泛传播，而被误用。关东人偶和京都人偶在男女的摆放位置上正相反。在三名官女下面摆着很多其他的大臣、随从等人偶。

話題7　お守り

一、聞く前に

訳文：
关于护身符
　　护身符是为了祈求好运来临（开运、招福），或者驱赶厄运（除恶、除魔）。所持有的东西，有着同样功能的守护卡是对家庭和公司等静止不动的固定封闭空间场所的一种守护。与此不同，护身符由于具有可以带在身上到处走的性质，所以用来保护个人或者可移动空间。在能带在身上到处走的前提下，护身符的大小从小到像坠饰那样，大到单手可以完全收起来的程度。挂在电车、汽车这样移动空间里的话，也有稍微大点的。
"护身符"效果
　　一般情况下，护身符的效果大约为一年。过了一年后就要换新的。
　　顺便说一下，许下的愿望不同，有效期也不同。一般一年，长的甚至三年。也并不是说过期了效果就完全没有了。如果受到外界"氛围"所污染，也会使得内在的效果不能发挥。因此奉劝大家，无论愿望是实现了还是没有实现，都要妥善处理。

二、聞きましょう

原文：

埼玉・行田の「落ちない御守」

　埼玉県行田市で、戦国時代に大軍に攻められながらも落ちなかった「忍城（おしじょう）」にちなんで、「落ちない御守（おまもり）」が販売され、受験生などに人気を集めています。

　行田市の忍城は、戦国時代、石田三成率いる大軍によって水攻めに遭いましたが、僅かな軍勢で守り抜いたと伝えられ、これを再現した映画「のぼうの城」の公開を機に、多くの観光客が訪れています。

　行田市は、最後まで落ちなかった城にちなんだ「落ちない御守」を考案し、

映画化が決まった3年前から市の観光施設などで販売してきました。

お守りは青と銀色、ピンクの3種類があり、忍城や戦国時代に活躍した武将などが描かれています。

当初は毎月150個ほどが売れていましたが、映画が公開された去年11月には800個を超え、受験生などを中心に人気が高まっているということです。

「ご好評をいただいている『落ちない御守』をはじめ、行田市の魅力をＰＲし、引き続き観光客の誘致を進めてまいりたいと思います。」

訳文：

埼玉县行田市的"必胜护身符"

埼玉县行田市的忍城因在战国时代被大军攻打却没有陷落而闻名于世，因此此地出售的"必胜护身符"受到考生们的欢迎。

在战国时代，石田三成率大军攻打行田市的忍城，但忍城军民却以微弱的兵势守住了自己的城池，这个故事还被拍成了电影，名为《不落之城》，很多看过这部电影的游客都慕名来到这里。

行田市在电影上映三年前开始在商店出售"必胜护身符"，这种护身符的颜色有蓝色、银色和粉红色三种，上面印有在战国时代守护忍城的武将。

在电影上映前，这种护身符每个月大概能卖出150个，去年11月电影上映后卖出了800个，特别是受到了考生们的欢迎。

"电影《不落之城》受到大家的欢迎，提升了行田市的知名度，希望能有更多的游客到我市参观旅游。"

問題１　Ａ、Ｂ、Ｃ、Ｄの中から正しい答えを一つ選びなさい。

(1) D

問題２　文章の内容と合っているものに〇、ちがっているものに×をつけなさい。

(1) ×

(2) ×

(3) 〇

問題３　次の文を完成しなさい。

(1) 青、銀色、ピンク

(2) 150年個、11月

(3) 落ちない御守、行田市の魅力、観光客の誘致

問題４　次の質問に答えなさい。

(1) 埼玉県行田市で、戦国時代に大軍に攻められながらも落ちなかった「忍城（おしじょう）」にちなんで、「落ちない御守（おまもり）」が、受験生

などに人気を集めています。
(2)「のぼうの城」といいます。

三、豆知識

訳文：

护身符的处理

不论是谁，对自己所持有的护身符都想表达感谢之情，不想对其失礼。而且，护身符也好护符也好，都承载着神的灵魂。那么，什么时候怎么样处理为好呢，在此说明一下。

"护身符"的处理方法

原则上是怀着对随身一年的"护身符"的感激之情，将其返回原来的神社或寺庙。

通常情况下，去请护身符的神社，请人放入篝火焚烧。如果是护符的话，可以拜托请符的地方恰当处理。

如果由于某些原因，神社和寺庙无法处理的话，也可以到附近的神社或寺庙。只是，从神社求得的要去神社，而从寺庙求得的要回寺庙。

自行处理"护身符"的方法

邮购的或者旅途中购买的护身符，在无法拜托附近的神社或寺庙处理的情况下，就要自行处理。

自己焚烧的情况下，用白色日本纸包起来加一点点粗盐燃烧。白色日本纸和盐具有"净化"的效果，也可以有效运用到难以处理的吉祥物和风水物品等的处理上。

这些情形下，用白色日本纸包住并加入一撮粗盐，不自己焚烧，而是当作垃圾处理掉也没关系。只要你怀着感激的心，也就没有问题了。

話題 8　地震

一、聞く前に

訳文：

日本发生过的大地震

作为日本及周边地震、震灾中提及最多的就是 1923 年的东关大地震。这次地震造成了日本历史上死亡人数最多的 10 万人以上，也使得包括东京在内的广大范围受到了灾害，其中的火灾造成了巨大的损失。此外，1995 年的兵库县南

部地震（阪神、淡路大震灾）是城市遭受地震的典型例子，这对从那以后建筑法的重新审视和防灾意识的提升产生了很大的影响。在 2004 年新潟县中越地震后提出了关于避难生活的问题。2011 年的东北太平洋地震（东日本大地震）受到海啸的影响，使得太平洋沿岸的广大地区遭受了灾害，也产生了核事故等新问题。

防灾日和防灾训练

1960 年，日本将关东大地震发生日（9 月 1 日）规定为防灾日，全国都举行防灾训练。在假设发生南关东直下型地震（首都直下型地震）的南关东，作为九个市县联合训练的一部分，在各市县举行了综合防灾训练。另外，静冈县将 7 月第一个星期六作为地震海啸对策日（由 1993 年北海道西南面海面中心发生地震而来）、12 月第一个星期天作为地方防灾日（由 1944 年东南海地震而来）。福井市还将 6 月 28 日（福井地震发生日）至 7 月 18 日（福井暴雨发生日）作为"大家共同关注防灾的 21 天"。无论哪一个市县都进行防灾训练。此外，阪神、淡路大地震发生的 1 月 17 日也举行防灾训练。

二、聞きましょう

原文：

地震に備え超高層マンションで救助訓練

大地震で超高層マンションにけが人が取り残されたという想定での救助訓練が、東京で行われました。

この訓練は、東京・中央区にある高さ 140 メートルの 43 階建てのマンションで行われ、警察官や住民などおよそ 100 人が参加しました。

訓練は東京湾北部を震源とする震度 6 強の地震が発生し、マンションの高層階でけが人が出てエレベーターが停止したという想定で行われました。

訓練では警視庁月島警察署のレスキュー隊のメンバーらが非常階段を使って 42 階まで駆け上がり、けが人を部屋から救助して救護室で応急手当てをしました。

そのあと担架でけが人を屋上まで運び、ヘリコプターでつり上げて収容しました。

「いざという時こういう訓練重ねておけば、尊い人命ですが、守れることだけが確かなことなので」

都心には 100 メートル以上の超高層マンションが集中しており、警視庁は訓練を通じて超高層マンションの防災対策を強化していくことにしています。

訳文：

高层公寓中的地震救助训练

在东京的高层公寓中进行了地震避难演习，设定的场景是有受伤人员滞留在

公寓中。

　　本次演习在东京中央区高140米的43层公寓中进行，警察和居民共100人左右参加。

　　演习的场景设定为东京发生6级地震，震源在东京湾北部，某高层公寓中有人受伤、同时电梯处于无法使用状态中。

　　演习中，警视厅月岛救援队的队员们从紧急通道上到42层，将受伤人员从房间中救出，送到救护室实施救助。

　　之后用担架将伤员送到屋顶，用直升机将其送到医院。

　　"受过这种训练的话，危急时刻可以保护人的珍贵生命。"

　　东京市中心超过100米的高层公寓比较集中，警视厅希望通过训练，可以强化高层公寓的防灾措施。

問題1　A、B、C、Dの中から正しい答えを一つ選びなさい。
　(1) C

問題2　文章の内容と合っているものに〇、ちがっているものに×をつけなさい。
　(1) ×
　(2) ×
　(3) ×

問題3　次の文を完成しなさい。
　(1) 43階建てのマンション、警察官や住民
　(2) 震度6強、エレベーターが停止した
　(3) レスキュー隊、42階

問題4　次の質問に答えなさい。
　(1) レスキュー隊のメンバーらが非常階段を使って42階まで駆け上がり、けが人を部屋から救助して救護室で応急手当てをしました。そのあと担架でけが人を屋上まで運び、ヘリコプターでつり上げて収容しました。
　(2) 「いざという時こういう訓練重ねておけば、尊い人命がですが、守れることだけが確かなことなので」と話していました。

三、豆知識

訳文：

地震紧急用品储备

紧急携带品

　　将避难必需品等放入背包中，放在容易看到的地方。

饮用水、袖珍收音机、衣服、鞋类、食品、火柴、打火机、贵重物品、手电筒、急救套装、笔记用具、雨伞（防寒）、卫生纸等生活必需品。

紧急储备品

    地震后能维持3天生活的食品等必需品

    停电备用

    手电筒、蜡烛（不容易倒的东西）

    停煤气备用

    简易煤气灶、固体燃料

    断水备用

    饮用水（放在塑料瓶中等）

    每人每日3升的标准

話題 9　原発事故

一、聞く前に

訳文：

    7级（最严重级别）的事故　福岛第一核电站炉心融化·氢爆炸事故

    2011年3月11日发生在东北地区的太平洋海域地震，东京电力福岛第一核能发电站压力容器内水位下降。炉心温度过高，由于应急电源故障，使得紧急炉心冷却系统无法工作，很有可能引起水蒸气爆炸。所以，打开阀门将含有放射性物质的水蒸气排向了大气中。由于这个操作，周围地面检测到含有1015μSv/h的放射性物质。燃料棒的一部分溶解。日本颁布了第一个核紧急事态宣言，并命令周边半径20km内的居民撤离避难。

二、聞きましょう

原文：

福島の常磐道　通行再開へ除染作業

  原発事故で拡散した放射性物質の影響で通行できなくなっている福島県内の常磐自動車道で、来年度中の通行再開を前に環境省が進めている除染作業の様子が今日、初めて公開されました。

  原発事故のあと高い放射線量が観測されたため、福島県内の常磐自動車道の広野インターチェンジから常磐富岡インターチェンジまでの17キロの区間

は、震災直後から一般車両の通行ができなくなっています。

　環境省などは、この区間について放射性物質を取り除く除染を進め、ことし6月までに作業を終え、来年度中の通行再開を目指していて、再開を前に、今日富岡町で行われている除染作業の様子が初めて公開されました。

　現場では、作業員が、除染に使う水をホースで吸い上げて回収できる高圧洗浄機を使って路面を丁寧に洗っていて、路面の放射線量は半分以上、下がったということです。

　また、楢葉町では、仮置き場のスペースを有効に使うため、除染で出た草や枝などの廃棄物を機械で圧縮する作業が行われていて、廃棄物はもともとの4分の1程度まで小さくなっていました。

　除染の状況を視察した環境省の井上副大臣は次のように述べました。「春になって、ほんとうに除染も本格的に各地で始まりますから、そういう意味では、もうこれからがますます勝負になってくると思いますんで、しっかりやっていきたいと思います。」

訳文：
为福岛常磐公路明年正常通行的除尘作业

　　福岛县常磐公路由于核泄漏事故禁止通行，为了明年可以正常通行，今天环境部第一次公开了除尘作业现场情况。

　　核泄漏事故发生之后，福岛县常磐道广野口到富冈口的17公里路上被检测到高辐射线，于是禁止一般车辆通行。

　　为了保证明年此路段再次开通，环境部进行了除放射线作业计划，今年6月之前完工，今天在富冈町第一次公开了除尘作业现场情况。

　　现场工作人员将除尘用的水吸入管中，用高压冲洗机将路面仔细冲洗，据说可以除掉一半以上的放射线。

　　另外，在楢叶町为了有效利用临时存放物品的场地，将杂草和树枝等废弃物用机器进行压缩，目前废弃物所占场地大小只有原来的四分之一。

　　视察除尘情况的环境部副部长井上说："春天来了，各地都开始进行除尘工作，从这个意义上来讲，今后的工作将越来越关键，我们一定把工作做实做好。"

問題1　A、B、C、Dの中から正しい答えを一つ選びなさい。
　(1) C

問題2　文章の内容と合っているものに〇、ちがっているものに×をつけなさい。
　(1) ×
　(2) ×

問題3 次の文を完成しなさい。
(1) 原発事故、来年度中、除染作業
(2) 前に、今日富岡町
(3) 仮置き場のスペース、草や枝など、4分の1

問題4 次の質問に答えなさい。
(1) 今年の六月までです。
(2) 来年度中です。

三、豆知識

訳文：

反对核电站的游行

2011年（平成23年）3月11日东北地区太平洋海域地震导致福岛第一核电站发生事故，因此大家对于地震引起核事故的担心越来越强烈，东京、福岛等全国各地，都举行了希望废除核能发电的游行活动。

据报道，2011年（平成23年）3月20日在东京涩谷，同月27日在银座，都举行了约1000人参加的大规模游行。

4月10日在东京举行了两个反对核发电的游行，分别在芝公园有2500人，另一个在高圆寺，主办者称有1万5000人参加，据路透社报道有5000人（游行地不明）参加。6月11日在新宿，主办者称约2万人参加等。作为"6·11"反对核电站100万人行动"的游行和活动在全国各地不断开展，据《朝日新闻》报道，参加者合计达79000人。

話題10　日米関係

一、聞く前に

訳文：

更强的同盟关系

日本的市长做出了向美海军指挥官投球的动作。日本和美国同样喜爱从美国传入日本的棒球，在文化上有很多相通的地方。

上世纪90年代后半期至今，日美关系逐步得到强化。日美间的贸易摩擦问题伴随着中国取代日本成为美国经济最大的威胁而日益淡薄。另一方面，随着冷战结束，日美安全同盟苦于缺少明确的威胁，但是北朝鲜问题与经济、军事日益

强大的中国刚好给了美国这一口实。虽然乔治·W·布什政权的外交政策已成为了美国国际关系的阻碍，但是，正如伊拉克的自卫队派遣和共同开发导弹防御所显示出的，日美同盟得到了加强。

军事关系

1952年日美签订的《日美安全保障条约》是日美安全保障关系基础。1960年，日美修改条约，在条约中宣布：在日本国施政的领域下，如果任何一方受到武力攻击，采取行动对付共同的危险。同时也规定，在驻日美军作任何重大改变之前，以及在将日本基地用为与日本防御无关的战斗任务之前，必须事先和日本政府协商。然而，因为日本宪法禁止日本军队参加海外的军事活动，所以当美军在日本国外遭受攻击时，日本不负有协助美军防卫的义务。1990年，日本政府为了强化国家安全，又增加了一些调整条约，显示了继续这一同盟关系的意愿。

二、聞きましょう

原文：

日米の同盟強化とTPPを確認

　アメリカを訪れている安倍総理大臣は、オバマ大統領と会談し、日米同盟の強化を確認しました。安倍総理大臣は、TPP＝環太平洋パートナーシップ協定について、「聖域なき関税撤廃が前提ではないことが明確になった」と述べ、交渉参加に向けて、なるべく早く判断する考えを示しました。

　ホワイトハウスに入る安部総理大臣、日本時間の今日未明、オバマ大統領との会談に臨みました。

　「日米同盟の信頼、そして、強い絆は完全に復活しました。自信を持って宣言したいと思います。認識においても、そして、具体的な政策においても、方向性においても完全に一致することができました。」

　日本を取り巻く安全保障情勢が厳しさをまつ中で迎えた初めての会談、両首脳は日米同盟を強化していくことを確認しました。

　安部総理大臣は民主党政権の3年間で著しく損なわれた日米の絆と信頼を取り戻したとしています。会談の中で安部総理大臣が沖縄県の尖閣諸島を巡る中国の動きについて、冷静に対処する考えを伝えたのに対し、オバマ大統領も「日米で協力して対応していきたい」と応じました。

　また両首脳は、北朝鮮の3回目の核実験をうけて、国連の安全保障理事会での新たな制裁決議の採択や、金融制裁に向けて連携していくことを確認しました。さらに安倍総理大臣は、沖縄のアメリカ軍普天間基地の移設を日米合意に基づいて、早期に進めていく考えを伝えました。

一方、焦点のTPPを巡って両首脳は、日本が交渉に参加する場合はすべての物品が交渉の対象とされ、日本がほかの参加国とともに包括的で高い水準の協定を達成していくことになることを確認しました。

　そのうえで両首脳は、最終的な結果は交渉の中で決まっていくものであり、TPPの交渉参加に際し、一方的にすべての関税の撤廃をあらかじめ約束することを求められるものではないことを確認し、共同声明として発表しました。

　会談後の記者会見で、安倍総理大臣は次のように会談の手ごたえを語りました。「今回のオバマ大統領との会談により、TPPでは聖域なき関税撤廃が前提ではないことが明確になりました」

　そして交渉参加に向けて、帰国後、自民・公明両党に会談結果を報告し、政府の専権事項として、一任を取り付けたうえで、なるべく早く判断する考えを示しました。

　安倍総理大臣としては、聖域なき関税撤廃を前提とするTPP交渉には参加しないとしただけに今回の首脳会談で交渉参加の判断に向けた一つのハードルをこえるかたちになりました。

　あす、日本に帰国する安倍総理大臣は、今後、TPPを経済の成長戦略の一つに位置づけることも念頭に、判断を下すための環境整備を急ぐものとみられます。

訳文：

加强日美同盟与加入TPP

　　安倍首相访问美国，与奥巴马总统进行会谈，一致表示应该加强日美同盟。安倍首相强调："不会以牺牲关税来换取进入TPP"，希望通过协商的方式尽早作出决断。

　　日本时间今日凌晨，安倍首相在白宫与奥巴马总统进行了会谈。之后安培首相接受记者采访时说"通过与奥巴马总统的会晤，加强了日美同盟，不论是在认识上、具体的政策上还是在未来方向性上都达成了一致。"

　　日本国内外目前面临严峻的考验，此时举行会谈，加强了两国友好同盟关系。

　　民主党执政的三年，日美关系受到了严重的破坏，此次会晤修复了日美关系。会谈中，安倍首相表示会关注中国在尖阁诸岛（中国称钓鱼岛）的动向，奥巴马总统回应到：日美应该联合起来处理地区问题。

　　另外，关于北朝鲜进行第三次核试验问题，两国一致表示希望通过安理会对北朝鲜进行金融制裁。安倍总理还希望在两国的共同努力下，尽快撤销冲绳的普天间美军基地。

　　另外，围绕作为焦点的加入TPP的问题，两国首脑认为：谈判时所有商品都是磋商的对象，日本会和其他成员国一道制定出令人满意的协议。

　　最后两国元首发表了共同声明，声明表示：在加入TPP的磋商过程中，不能

单方面要求对方撤销关税，所有问题要互相协商解决。

在会后的记者招待会上，安倍首相说："这次在与奥巴马总统的会谈中，明确了撤销关税不是加进TPP的前提条件"。

有关加入TPP的问题，会和自民、公明两党商议后，作为国家的头等大事尽快做出决断。

安倍总理提出的不以撤销关税作为进入TPP的条件获得肯定，可以说为以后的谈判打下了良好的基础。

明天安倍总理回国后，将把加入TPP作为国家未来发展的大事，积极与各党派进行协商，尽快促成此事。

問題1 A、B、C、Dの中から正しい答えを一つ選びなさい。
(1) B

問題2 文章の内容と合っているものに○、ちがっているものに×をつけなさい。
(1) ×
(2) ○
(3) ×

問題3 次の文を完成しなさい。
(1) 安倍総理大臣、日米同盟
(2) 沖縄、日米合意
(3) 成長戦略、環境整備

問題4 次の質問に答えなさい。
(1) オバマ大統領は「日米で協力して対応していきたい」と応じました。
(2) 国連の安全保障理事会での新たな制裁決議の採択や、金融制裁に向けて連携していくことを確認した。

三、豆知識

訳文：

经济关系

在1990年，美国由于占据了日本出口总量的31.5%，进口总量的22.3%，并且占据了海外直接投资的45.9%，从而成为了日本最大的贸易伙伴。2004年，美国占日本的出口总量的22.7%和进口总量的14%（现在被中国赶超减少至20.7%）。美国向日本出口包含原材料和工业制品。1990年，日本从美国进口的农产品（美国的出口统计约为85亿美元）包括牛肉（15亿美元）、海产品类（180万美元）、谷物（24亿美元）、大豆（88亿美元）。工业制品的进口主要属于机械和运输机器范畴。输送机械领域包括日本从美国进口的价值33亿美元的航空机和相关零部件（汽车和相关零部件仅为18亿美元）。

日本向美国出口的大体上全部是工业制品。1990年汽车的出口达到215亿美元，作为单一范畴内，很大程度上领先了其它出口产品，占日本向美国出口的24%。而且汽车零部件的出口达到107亿。接下来其它的出口主要是办公设备（包含电脑），1990年出口总额为86亿美元、通信设备（41亿美元）、机械（4亿5100万美元）。

从1960年中期开始，日本继续着贸易收支的盈余。从日本的数据来看，对美国的盈余到1970年涨到了3亿8000万美元、1988年几乎达到了480亿美元、1990年稍下降到380亿美元。美国的贸易相关数据也显示出1980年代的不均衡，1980年日本的盈余为100亿美元、1987年为600亿美元、1990年不均衡有所改变达，到了377亿美元。

話題 11　選挙

一、聞く前に

訳文：
关于选举权

选举权赋予年满二十周岁（投票第二天满二十岁的人也包括在内）的日本公民。关于地方选举，必须在该地区居住三个月以上的人才可参与。但是，即使年满二十岁，也有人由于犯罪等原因被剥夺选举权。

此外，还有对于没有日本国籍的人也应该被赋予选举权的主张，但也指出赋予没有日本国籍的人选举权是违反日本宪法第十五条"选举和罢免公务员是国民本身固有的权利"之规定。

总选举

通常是指由于众议院议员的任期已满或众议院解散而进行的选举。此外，日本宪法第七条第四号中有"国会议员的总选举"的表述。这里所说的"总选举"中也包括参议院议员的通常选举。在宪法草案中基于一院制的想法而有了"国会议员的总选举"的说法，后来两院制改革的法案出台后，也没有改动，仍然沿用了"国会议员的总选举"的说法。

通常选举

是指参议院议员任期结束而产生的选举。

一般选举

是指由于地方议会议员任期结束、地方议会解散以及地方公共团体的设置而产生的选举。

最后一位当选者票数相同的情况

　　最后一位当选者中得票数相同的人数在两人或两人以上的情况（指定人数是一人，最高的得票者人数不止一人的情况），用抽签来决定当选者。在1946年以前的选举中，年龄长者为当选者。

二、聞きましょう

原文：

自公　ネット選挙解禁の公選法改正案

　　インターネットを利用した選挙運動について、自民・公明両党は、ホームページとともに、ツイッターなどのソーシャル・ネットワーキング・サービスの利用を、第三者も含めて全面的に解禁するなどとした、公職選挙法の改正案の概要を取りまとめました。電子メールは、政党と候補者のみに認め、送信先を事前に同意を得た人に限るとしています。

　　氏名などを偽ってインターネットを利用した場合、2年以下の禁錮、または30万円以下の罰金を科すとともに、公民権を停止するとしています。

　　自民・公明両党は、今の国会での法改正を目指し、野党側に協議を呼びかけることにしています。

訳文：

自民党、公民党提交解禁网络选举的公选法修正案

　　自民党和公民党在公选法改正案一事上达成一致，提议全面解禁通过网页、微博等社交服务网站以及第三方等形式宣传参与选举活动。只认可政党和候选人使用电子邮件的形式，并且事先须得到对方的同意。

　　在网络上伪造姓名参与选举的话，将受到两年以下监禁或者罚款30万元以下的处罚，停止行使公民权。

　　自民、公民两党与其他在野党共同协商，使改正案能在国会上顺利通过。

問題1　A、B、C、Dの中から正しい答えを一つ選びなさい。
(1) D

問題2　文章の内容と合っているものに〇、ちがっているものに×をつけなさい。
(1) 〇
(2) ×

問題3　次の文を完成しなさい。
(1) 自民・公明両党、野党側に協議
(2) 電子メール、政党、候補者
(3) 2年以下の禁錮、30万円以下

問題 4 次の質問に答えなさい。

(1) ホームページとともに、ツイッターやフェイスブックなどのソーシャル・ネットワーキング・サービスの利用を、政党と候補者だけでなく、第三者も含めて全面的に解禁するという内容です。

(2) 野党側に協議を呼びかけています。

三、豆知識

訳文：

日本的政党

政党名	众议院	参议院	合计
自由民主党（1955-）	295	83	378
民主党（1998-）	57	88	145
日本维新会（2012-）	54	3	57
公明党（1964-1994, 1998-）	31	19	50
大家党（2009-）	18	11	29
生活党（2012-）	7	8	15
日本共产党（1922-1924, 1926-）	8	6	14
社会民主党（1945-）	2	4	6
绿风（2012-）	1	5	6
国民新党（2005-）	1	2	3
新党改革（2008-）	0	2	2
新党大地（2011-）	1	1	2
冲绳社会大众党（1950-）	0	1	1
日本未来党（2012-）	1	0	1
（无党派）	4	3	7
（缺席）	0	6	6

話題 12　介護

一、聞く前に

訳文：

　　在日本，护理这个词最早被法律承认是在 1892 年陆军军人负伤疾病抚恤金等级分化条例上。它不仅仅是一种措施，也是一种抚恤金的供给基准。而护理

作为正式的词语被使用是始于70年代后半段，残疾人要求公共保障的运动。因"照看残疾人当然是父母的责任"这种固有观念，让残疾人感受到了自己将被赶到相关的设施之中去的危机，由此引发了此次运动。

接受公共护理保障的要求后，护理人派遣事业制度在80年代中期被确立起来，但是对于残疾人来说，这离保障还差得很远。由地方自治体负责的高龄者访家照顾、护理事业从60年代开始实施，理念上是对家庭看护的支持，这种想法至今仍存在。在医疗上，QOL的想法普及后被引入至护理之中，通过护理来提高病人、高龄者的生活质量，使生活质量进一步改善成为了护理的目的。

在护理保险法和资金支持制度中所出现的从事残疾人在家进行护理和在机构中进行护理的服务以及护理的护理员和访问式护理员等护理职业，还有调整护理服务的护理支援专员其实都是有名无实，从事此类工作的护理员由于身心压力大、工作难度大、负荷重、工资低，造成这种行业长期处在劳动力不足的状态。

二、聞きましょう

原文：

高齢者や障害者の相談会

　高齢者や障害者が抱える生活の悩みなどに答える相談会が、名古屋市などで開かれています。

　この相談会は愛知県司法書士会が名古屋市や豊橋市など県内5つの会場で開いていて、あわせておよそ40人の司法書士が電話や面談で相談にあたっています。

　名古屋市熱田区の会場には父親の成年後見人の男性から「父の家や土地を処分したいが、どういう手続きが必要か」という電話相談が寄せられ、対応した司法書士は、「処分をする前に家庭裁判所の許可をとってください」などとアドバイスしていました。

　「契約ですとか後はあのう成年後見制度、ぜひともしりたいといった方につきましては、電話相談、面談相談やっておりますので、ぜひとも、この機会をご利用していただきまして、お電話、していただきたいと思います。」

　相談会は今日午後四時まで開かれ、電話のほかに、面談による相談も受け付けています。

　名古屋市の会場の電話相談は 050-3533-3707 で受け付けています。

訳文：
老人和残疾人咨询会

解答老人和残疾人烦恼的咨询会在名古屋市举行。

本次咨询会在名古屋市和丰桥市等5个地方举行。将近40名司法人士通过电话和面谈接受咨询。

名古屋市热田区会场有位男士打进电话，希望处置父亲的财产，接受咨询的司法人士建议他处置前先去家庭法院取得许可。

"合同问题啦，监护人制度等，对于想咨询这方面问题的人士，因为我们正在做电话咨询和面谈咨询，请务必利用本次机会，给我们打电话。"

咨询会到今天下午4点结束，除了电话咨询，也可以面谈。名古屋市会场的电话是050-3533-3707。

問題1 A、B、C、Dの中から正しい答えを一つ選びなさい。
(1) D

問題2 文章の内容と合っているものに○、ちがっているものに×をつけなさい。
(1) ×
(2) ○
(3) ×

問題3 次の文を完成しなさい。
(1) 高齢者や障害者、名古屋市、
(2) 司法書士会、5つの会場、電話や面談
(3) 今日午後四時、受け付けています

問題4 次の質問に答えなさい。
(1) 高齢者や障害者が抱える生活の悩みなどに答える相談会が開かれました。
(2) 約40人の司法書士が電話や面談で相談にあたりました。

三、豆知識

訳文：
护理观

日本的护理观，从古至今都认为"父母应由儿子（特别是长子）或是家人来照顾"。但是，由于日本现今的少子化、老龄化、小家庭化，还有医疗水平的提高使得人们的寿命延长，从而使得负责护理的家人（配偶或者孩子）也是高龄者这样"老老看护"的问题浮出水面，这对于家庭无疑成为了一种重负。（其中著名的例子：1999年，时任高槻市市长的江村利雄，以无法同时胜任护理妻子与

市长的工作为由辞去了市长的职位而引发了讨论。）该问题也引发了由于无法忍受老老看护的辛苦与负担，孩子杀害父母之类的犯罪行为。

现在有需要护理的人的家庭的辛苦和被护理人的苦闷为人所共知。所以逐渐产生了全社会共同照顾的价值观。据报告，关东地区和关西地区的护理观并不同，这是伴随着社会和文化多样化、复杂化而产生的问题。看护观的复杂多样化从某种意义上来说也许是必然的，但却未必有能和它对应的社会体制。

話題 13　春闘

一、聞く前に

訳文：
关于"春斗"
　　春斗就是日本从每年春季 2 月左右开始举行的，要求提高工资、缩短劳动时间等要求改善劳动条件的罢工运动。也可以称为春季生活斗争、春季斗争、春季劳资关系交涉等。
春斗组织
- 全连会是指国民春斗共斗委员会
- 连会是中央斗争委员会或是中央执行委员会

二、聞きましょう

原文：

春闘スタート　賃金引き上げどこまで

　県内最大な労働組合の団体、連合岡山は今日岡山市内で景気集会を開いて、賃金の1％の引き上げなどを求める方針を確認し、県内でも春闘が始まりました。

　連合岡山は8万4千人あまりの労働者が参加する県内最大の労働組合の団体で、岡山市北区土山で開かれた景気集会には参加する労働組合からおよそ200人が集まりました。

　集会では年齢や勤続年数にあわせて、賃金があがる定期昇給を維持した上で、1％を目安に賃金を引き上げることを求める方針を確認しました。

　また、定期昇給のルールなどが整理されていない組合では、年齢におちた賃金の上昇が維持されるよう中途採用者も含めて賃金が30歳で19万円、35で21万円に到達するよう改善を求めていくことを確認しました。

訳文：

春斗拉开帷幕，工资能提高多少？

县内最大的冈山工会在冈山市举行集会，确定将现在的工资提高 1%作为此次春斗的方针。

冈山工会是县内最大的工会，共有会员 84000 人，参加本次在冈山北区土山举行的集会的人大概有 200 人。

集会上确定了应该继续维持现行的制度、按照年龄和工作时间定期涨工资、今年涨工资 1%等方针。

另外，希望没有完善定期涨工资制度的公司工会里，能够保证工资随着年龄的增长而提高，包括中途雇佣的人员在内，达到 30 岁 19 万、35 岁 21 万的最低标准。

問題1 A、B、C、Dの中から正しい答えを一つ選びなさい。

(1) A

問題2 文章の内容と合っているものに〇、ちがっているものに×をつけなさい。

(1) ×

(2) 〇

問題3 次の文を完成しなさい。

(1) 連合岡山、賃金の１％の引き上げ

(2) 景気集会、およそ 200 人

(3) 定期昇給を維持した、１％を目安に

問題4 次の質問に答えなさい。

(1) 集会では年齢や勤続年数にあわせて、賃金があがる定期昇給を維持した上で、１％を目安に賃金を引き上げることを求める方針を確認しました。

(2) およそ 200 人が参加しました。

三、豆知識

訳文：

2013 春斗构想的主要内容

〈工会〉

所有的工会都是以提薪、改善劳动条款为目的，以解决要求提高 1%配额为目标进行推进

〇提薪要求

・维持工资上升曲线、对提高工资水准、缩小工资贫富差距进行彻底解决

- 比以前更加重视个别年龄段的工资水准问题
○ 工作•生活•平衡的实现
- 继续以中期缩时为方针
- 过重劳动对策
○ 解决企业内最低工资的根本性强化
- 未缔结工会要求加入劳动组合，谋求全部工会的统一化
- 在符合担保产业的公正基准上进行协定
○ 斗争的推进方法
- 在共斗连络会议基础上强化机能
- 调整与明确代表品牌、中坚品牌的配备，核心工会的水准，保持工资上升曲线
- 非正规劳动者的劳动条款改善问题的解决，强化解决非正规共斗问题的开展
- 中小企业问题的解决，重视月薪、工资曲线维持和工资上调1%的要求

〈国民春斗共斗委员会〉
○ 工资的改善、基准提高，要求工资差距得到改善
- 确认统一提高工资和最低工资改善的要求目标，实现以跨行业统一斗争为轴的要求
- 企业内最低工资协约运动的强化
- 均等待遇的实现
- 向全国最低工资一律 1000 日元以上的目标稳健地靠近
○ 反对解雇、失业，寻求雇佣关系的安定
- 反对电机行业等的裁员、合理化
○ 通过改善劳动时间等，努力确保良性的雇佣关系
○ 阻止消费税增税，阻止参加 TPP

話題 14　寿命

一、聞く前に

訳文：

不同国家平均寿命排名

  据 2008 年的统计，平均寿命在 80 岁以上的国家有 17 个，它们依次是日本、瑞士、圣马力诺、澳大利亚、摩纳哥、冰岛、意大利、瑞典、西班牙、法国、加

拿大、安道尔、以色列、新加坡、挪威、新西兰、奥地利。

日本以82.6岁的平均寿命位居世界第一。

女性平均寿命排在第一位的是日本，为85.99岁，排在第二位的是中国香港，85.4岁，第三位是法国，84.1岁。

男性平均寿命排在第一位的是冰岛，79.4岁，排在第二位的是中国香港，79.3岁，第三位是日本，79.19岁。

男性平均寿命最短的国家是塞拉利昂，女性平均寿命最短的是斯威士兰。

最长寿命和寿命

人类寿命最长、生卒年月日都清楚的是一名叫珍妮卡门的人，活了122年零164天。因此，也有人类最长寿命在120年左右的说法。

二、聞きましょう

原文：

福岡県の人口・高齢化率過去最高

福岡県の人口は、去年10月現在、508万人余りと過去最高となりました。また、人口に占める高齢者の割合も23.3%とこれまでで最も高くなりました。

福岡県によりますと、去年10月1日現在の県の人口は、前の年より5060人増えて、508万5368人でした。

平成7年の調査開始以降、17年連続での増加で、過去最高となりました。市町村別にみますと、人口が増えたのは▼福岡市で1万2821人▼大野城市で1283人▼新宮町で1109人など福岡市周辺を中心に18の市と町でした。

一方、人口が減少したのは、▼北九州市で2499人▼大牟田市で1613人▼嘉麻市で902人など42の市町村にのぼりました。

また、人口に占める65歳以上の高齢者の割合は23.3%と、前の年よりも0.8ポイント増え、こちらも過去最高となりました。今回の調査結果について福岡県は「転勤などの社会的要因で人口は増えているが、県内でも少子高齢化が進む傾向がみられる」と分析しています。

訳文：

福冈县人口数量、高龄化率史上最高

截至去年10月，福冈县人口超过508万人，为有史以来最多。另外，老人数量占所有人口数量的23.3%，也为有史以来最高。

据福冈县的报道，截至去年10月1日，福冈县人口比前一年增加5060人，为5085368人。

平成7年开始进行人口普查之后，连续17年人口呈上升趋势，目前为有史

以来最多。其中各地市人口增加的城市和增加数量如下：福冈市 12821 人；大野城市 1283 人；新宫町 1109 人，主要是福冈市周边为中心的 18 个城市人口有所增加。

人口减少的城市及减少的数量为：北九州市 2499 人；大牟田市 1613 人；嘉麻市 902 人等共有 42 个地市人口减少。

另外，65 岁以上的老人占总人口的 23.3%，比前一年增加 0.8 个百分点，也为有史以来最高。根据此次的调查结果，福冈县（相关人员）分析说："由于工作调动等因素，人口一直呈现上升趋势，但县内也有少子高龄化的趋势。"

問題1 A、B、C、Dの中から正しい答えを一つ選びなさい。
(1) D

問題2 文章の内容と合っているものに〇、ちがっているものに×をつけなさい。
(1) ×
(2) 〇
(3) ×

問題3 次の文を完成しなさい。
(1) 去年 10 月、508 万人余り
(2) 5060 人、508 万 5368 人
(3) 23.3%、0.8 ポイント

問題4 次の質問に答えなさい。
(1) 508 万人あまりです。
(2) 高齢者の割合は 23.3%です。

三、豆知識

訳文：

延长寿命的可能性

通过食用药物，真正实现医学上的"延长寿命"是很难的。但是，从 2009 年研究中得到的数据发现，一种叫雷帕霉素的抗生素对延长老鼠寿命有作用，通过这种药物可以延长（已经处于高龄）动物个体的寿命。

此外，据说摄取低热量的食物可以延长很多动物的平均寿命和最长寿命。营养不足，会增加细胞中 DNA 的修复，保持休眠状态，减少新陈代谢，降低染色体的不安定性，从而延长寿命。

話題 15　自殺

一、聞く前に

訳文：

　　2010年（平成22年）日本的自杀率（大约10万人中的自杀者人数）是24.9人，总自杀人数是31690人。这个数字是同一年交通事故死亡者人数（4863人）的6.51倍，其严重性骇人听闻。

　　而且，上述的自杀率即使和众多外国的数据相比也是一个极大的数值，日本的自杀率相当于美国的2倍（2002年）。在G8各国和OECD加盟国这两个组织中，日本也居于高位。另外，从各国的自杀率来看，日本列第4位，高于日本的是旧社会主义国家（前苏联）。特别是中老年男性的自杀率，日本居世界最高。

　　在日本，自杀是人们死亡的主要原因之一，2006年（平成18年）的死亡原因如下：恶性新生物（癌症，30.4%）、心脏病（16.0%）、脑血管疾病（11.8%）、肺炎（9.9%）、意外事故（3.5%），居第6位的就是自杀，2.8%的人是自杀身亡。并且，自杀是20～39岁人们死亡的最主要原因。2003年（平成15年）的死亡者中，15.8%（20～25岁左右）、20.9%（25-30岁）、22.8%（30岁～35岁）、25.0%（35-40岁）的人均为自杀身亡。

二、聞きましょう

原文：

寿命延びるも自殺率全国上位

　岩手県民の平均寿命は、平成22年の時点で、男性が78.53歳、女性は85.86歳と5年前の平成17年のときより延びた一方、死因別でみますと、自殺で亡くなる確率が男性で全国2位、女性で全国1位と極めて高い水準にあることが国の調査で分かりました。

　厚生労働省は、地域の保健や福祉の水準を表す指標として、昭和40年から5年ごとに都道府県別の平均寿命を調べており、平成22年分の調査結果が公表されました。それによりますと、岩手県民の平均寿命は、男性が78.53歳で、全国45位、女性が85.86歳で、全国43位でした。

これは前回、5年前の平成17年に比べて、男性が0.72歳、女性は0.37歳、それぞれ延びています。
　一方で、死因別で見ますと、自殺で死亡する確率は、岩手県が男性は全国平均を0.76ポイント上回る3.28%となり、秋田県に次いで全国2位、女性が全国平均を0.5ポイント上回る1.57%で、全国1位となっていて、自殺対策が課題となっています。

訳文:

寿命在延长，但自杀率在全国居于高位

　平成22年，岩手县居民男性平均寿命为78.53岁，女性为85.86岁，比五年前的平成17年有所增长。但另一方面，据国家调查结果显示，岩手县自杀男性人数居全国第二位，自杀女性人数居全国第一位，自杀率处于极高水平。

　厚生劳动省自昭和40年开始，每5年对各地区人口平均寿命进行调查，以此来反映各地区保健及福利水平，根据平成22年的调查结果，岩手县居民中男性平均寿命为78.53岁，居全国45位，女性平均寿命为85.86岁，居全国43位。

　这一结果与5年前的平成17年相比，男性寿命延长了0.72岁，女性寿命延长了0.37岁。

　另外，从死因来看，岩手县男性自杀率比全国平均水平高出0.76个百分点，为3.28%，紧随秋田县之后排名全国第二位，女性自杀率比全国平均水平高出0.5个百分点，为1.57%，居全国首位，如何降低自杀率成为人们关注的课题。

問題1　A、B、C、Dの中から正しい答えを一つ選びなさい。
　（1）A

問題2　文章の内容と合っているものに〇、ちがっているものに×をつけなさい。
　（1）×
　（2）×
　（3）×

問題3　次の文を完成しなさい。
　（1）全国2位、全国1位
　（2）78.53歳、全国43位
　（3）3.28%、全国2位、1.57%

問題4　次の質問に答えなさい。
　（1）平成22年、岩手県の平均寿命は男性が78.53歳、女性が85.86歳です。
　（2）岩手県の自殺率は男性が3.28%で、女性が1.57%です。

三、豆知識

訳文：

导致自杀的原因和经过

2010年，自杀的人中有74.4%的人留有遗书，可以确定自杀原因，其余的25.6%的人自杀原因不明。

可以确定自杀原因的人中，2010年这一年，自杀的原因依次是"健康问题（=患病）"（15802人），"经济、生活问题（=贫困）"（7438人）、"家庭问题"（4497人）、"工作问题（=工作、职场人际关系问题）"（2590人）（根据遗书可以明确推断其自杀原因的自杀事件中，每人最多有三个原因计入统计）。"健康问题"是不论男女、各个年龄段中最可能导致自杀的原因。但是，40多岁到50多岁这一年龄段的男性中，"经济、生活问题"是导致自杀的最重要原因，超过了第二位的因"健康问题"导致自杀的人数，这可能是这一年龄段的男性会受到失业等问题的影响所致。

自1998年以来，由于经济不景气对自杀率的影响，"经济、生活问题"导致的自杀人数急剧增加。

另一方面，根据文部科学省对青年学生的调查，2004年这一年中，导致他们自杀的原因依次为"厌世"、"父母等的责骂"、"精神障碍"、"升学、就业问题"、"学业问题"、"恋爱"，因此，在未成年自杀事件中，与前面说的"健康问题"是自杀的首要原因有很大差异。

在自杀的过程方面，在职人员和失业人员有所不同。对于在职人员，他们自杀的诱因多是工作岗位的调动和更换工作，而失业人员多是经过"失业→生活困苦→多重债务→心中抑郁→自杀"这样的过程而走上绝路的。而有雇佣保险的失业人员从离职的那天开始没有特别的自杀倾向。

根据对305名自杀人员的家属的调查结果来看，精神抑郁和自杀有很大关系，305名自杀者中有119名是由于精神抑郁导致的自杀。但是，精神抑郁不是导致其自杀的根本原因，同调查显示其自杀的根本原因是引起其精神抑郁的事情。根据该调查，从其危险复合度的分析来看，主要原因有"事业不顺"、"职场环境的变化"、"过度劳累"，这些导致"身体疾病"、"职场人际关系不和"、"失业"、"负债"等问题，进而引起"家庭不和"、"生活困苦"、"精神抑郁"，以至于最后走上绝路。

实际上，失业问题和自杀有很深的关系。就业率和自杀率存在很强的反向关联，从业人员不满5人的小企业的倒闭事件和自杀率有很强的正向关联。从男性的角度来看，收入的变化、负债、失业等和自杀有关系，而从女性的角度看，失业和自杀没有联系。

話題 16　いじめ

一、聞く前に

訳文：

关于（儿童、学生）受欺负的问题

文部科学省在调查关于在籍儿童、学生的问题时，对于"欺负"使用以下定义："孩子受到来自于他人的心理或物理（身体）上的攻击，所造成的精神上的痛苦"，是否被欺负的判断应该力求彻底站在被欺负的孩子的立场上来进行。

这是 2007 年（平成 19 年）1 月 19 日以后的定义，以前的欺负的定义是：对比自己弱小的人进行持续地、单方的身体和心理上的攻击，让对方感到严重的痛苦。

同年，关于欺负的具体种类又追加了如下内容：用电脑、手机的形式中伤他人、辱骂他人等。关于欺负的次数从"发生的次数"变更成"认定次数"。

而且，在教育再生会议的第一次报告上，2007 年 1 月 22 日，安倍晋三首相指示伊吹文部科学大臣，通知教育委员会按照现在的法律，可对反复欺负别人的孩子和学生采取停课等措施。

二、聞きましょう

原文：

いじめ自殺で常設機関設置へ大津

大津市で中学 2 年生の男子生徒が自殺した問題を受けて、第三者委員会は、昨日いじめが自殺の直接的な要因になったとする報告書を公表しました。学校や教育委員会の対応に問題があったとの指摘を受け、大津市はいじめの情報があった際に弁護士などが調査する常設の機関を今年 4 月にも設置することになりました。

大津市の第三者委員会の報告書では、自殺した男子生徒が 2 人の同級生から暴力を受けたり、教科書を破られるなど 19 件のいじめを受け、自殺の直接的な要因になったと結論付けました。

報告書で学校や教育委員会の対応について、「生徒に家庭問題が存在するというフィクションに寄りかかり、解明を取りやめた。組織の体面をかけても、いじめと自殺との因果関係を否定したいという動機があったと思われる」と厳

しく批判しました。今後の課題として、すべての教師を対象に研修を実施することや子どもが救済を求めることができる第三者機関の設置が必要だと提言しました。

　こうした指摘を受けて、大津市の越市長は会見で、「学校や教育委員会に隠蔽といわれる行為、責任転嫁の行為があった」と謝罪したうえで、いじめの情報があった際に弁護士や臨床心理士などが調査を行う常設の機関を設置することを明らかにしました。大津市は4月にも機関を設置するなどして、報告書で指摘された課題に取り組む方針です。

訳文:
大津市设置处理因受欺负而自杀问题的常设机构

　　大津市受理了中学2年级男生自杀事件，第三者委员会昨天在调查报告中指出受人欺负是导致（该名男生）自杀的直接原因。学校和教育委员会在处理该事件时确有过失。大津市决定将在4月设置专门机构，在收到欺负事件的消息时，派律师调查此类案件。

　　大津市第三者委员会的报告书中指出：自杀的男生受到了被两名同学殴打，教科书被撕毁等19样欺负，这是他自杀的直接原因。

　　报告书中指出：学校和教育委员会处理此事欠缺妥当，为了维护组织的声誉，谎称学生是因家庭问题自杀，欲掩盖事实真相，否定自杀与受人欺负之间的因果关系。还提出作为今后的任务，有必要对全体教师进行培训、设置救助孩子第三方机构。

　　受到上述指责，大津市越市长在会见中道歉并承认学校和教育委员会确实有掩盖真相、转嫁责任的行为，并明确指出大津市将设置在收到欺负事件的消息时由律师和心理咨询师负责调查类似事件的常设机构。大津市将在4月份设置机构，并致力于解决报告书中提到的课题。

問題1　A、B、C、Dの中から正しい答えを一つ選びなさい。
　（1）B
問題2　文章の内容と合っているものに〇、ちがっているものに×をつけなさい。
　（1）×
　（2）〇
問題3　次の文を完成しなさい。
　（1）中学2年生、第三者委員会
　（2）2人の同級生、暴力を受けたり、教科書を破られる

問題 4　次の質問に答えなさい。

（1）自殺した男子生徒が 2 人の同級生から暴力を受けたり、教科書を破られるなど 19 件のいじめを受けました。

（2）いじめを報告することにより、学校自体の評価が下がるからです。

三、豆知識

訳文：

不同类型的欺负认知件数（文部科学省、平成 19 年度、有复数回答）

	小学		中学		高中		特别支援学校		合计	
	总数	比例	总数	比例	总数	比例	总数	比例	总数	比例
受到冷嘲热讽和嘲弄、辱骂恐吓。	32,110	65.7	28,061	64.5	4,646	55.6	194	56.9	65,011	64.3
同伴排挤,被群体忽视	11,896	24.3	9,489	21.8	1,455	17.4	56	16.4	22,896	22.6
被撞击、被击打、被踢踹	9,980	20.4	7,120	16.4	1,712	20.5	64	18.8	18,876	18.7
被重创、被大力击打、踢踹	2,317	4.7	2,525	5.8	737	8.8	27	7.9	5,606	5.5
敲诈、勒索财物	764	1.6	1,369	3.1	498	6.0	12	3.5	2,643	2.6
财物被藏、被盗窃、被毁坏、被扔	3,254	6.7	3,448	7.9	671	8.0	32	9.4	7,405	7.3
被强迫做讨厌、感到丢脸、危险的事	2,854	5.8	2,636	6.1	795	9.5	30	8.8	6,315	6.2
在电脑和电话里受到恶意诽谤、中伤	534	1.1	3,633	8.4	1,701	20.4	25	7.3	5,893	5.8
其他	1,980	4.0	1,317	3.0	388	4.6	19	5.6	3,704	3.7

話題 17　痴漢

一、聞く前に

訳文：

　　流氓，就是在公共场所做让对方觉得难堪或者让对方感到不安的行为的人或

其行为。这种日本独特的违法行为，因很少会触犯到刑法，所以主要根据防骚扰条例进行处罚。在法律上没有明确的定义。流氓是指男性对女性的行为，如果是女性的话，就叫作女流氓。

据警视厅 2008 年统计，根据防骚扰条例处罚的猥亵事件超过了 2000 件。并且，据 2004 年公明党的调查结果显示，20 岁到 30 多岁的女性有 60% 左右的人受到过流氓的骚扰。

最近几年，也出现了很多被误认为流氓的事件。以被误认为流氓的事件为主题的电影《不管怎样我都没有做过》在社会上引发讨论，斩获诸多奖项。

二、聞きましょう

原文：

"痴漢など防止を" 街頭で啓発

帰宅途中の女性を狙った痴漢などを防ごうと、大津市で、けさ、警察官などが街頭でチラシを配って、注意を呼びかけました。

大津市のＪＲ瀬田駅前では警察官などおよそ 20 人が通勤や通学途中の女性に「帰り道にご注意」などと書かれたチラシを配り、注意を呼びかけました。

「ほんとうに痴漢が多いんだから、このごろ」

また、近くのコンビニエンスストアでは防犯ブザーや小型の懐中電灯の無料貸し出しを試験的に始めました。

滋賀県内では女性を狙った性犯罪が増える傾向にあるということです。「もし何かあったら、コンビニにはけっこう近くにあるんで、また寄って、借りたいと思います。」

「コンビニというのは地域に密着しております。こういったところで気をつけてもらうという声かけをしてもらうことになって、1人1人が防犯の意識を高まってもらえたいと思います。」

訳文：

街头提醒路人小心流氓

今天早晨，警察们在大津市街头分发传单提醒女性在回家途中应小心流氓。

大津市 JR 濑田站前，大约 20 名警察给上班以及上学的女性分发写着"回家路上要小心"的传单，提醒她们回家途中小心流氓。

"最近流氓真的很多"

另外，附近的便利店开始实验性地施行免费借用警报器和小型手电筒。

滋贺县针对女性的性犯罪有上升的趋势。"如果一旦有什么情况，因为便利

店就在附近，我还会去那里借用这些东西。"

"便利店和当地居民生活密不可分，在这里呼吁女性注意防范流氓，希望能够提高每个人的防范意识。"

問題1 A、B、C、Dの中から正しい答えを一つ選びなさい。
(1) C

問題2 文章の内容と合っているものに○、ちがっているものに×をつけなさい。
(1) ○
(2) ×
(3) ○

問題3 次の文を完成しなさい。
(1) 帰宅途中の女性、チラシを配って注意を呼びかけました
(2) コンビニエンスストア、防犯ブザー、小型の懐中電灯
(3) 警察官などおよそ20人が、「帰り道にご注意」

問題4 次の質問に答えなさい。
(1) 警察官が街頭でチラシを配って注意を呼びかけました。
(2) コンビニエンスストアでは警察からの要請を受け、防犯ブザーや小型の懐中電灯の無料貸し出しを試験的に始めました。

三、豆知識

訳文：

与世界各国的犯罪率比较

根据 UNODC 的统计报告，将犯罪和刑事司法统计结果向 UNODC 进行报告的192个联合国成员国中，日本是杀人、拐骗、强奸、盗窃这些暴力犯罪事件发生率比较低且治安良好的国家（因为国家的规模和性质有很大差别，所以单纯按照国家进行比较可能不太恰当，但是日本和同为发达国家的西欧和北欧各个国家相比，暴力犯罪的发生率很低。）

日本的治安好，一方面是由于国民的守法意识高，另一方面也反映出警察执法范围广，遍布在居民生活的每一处。

另外，在日本，警察掌握的犯罪份子的数量在战后最坏的2002年以后，每年都在减少，2012年和2002年相比减少了一半，杀人事件在2012年是战后最少的一年。

話題 18　歌舞伎

一、聞く前に

訳文：

　　歌舞伎是日本固有的戏剧，是传统艺术之一，也是重要无形文化财产（1965年4月20日指定）和世界无形文化遗产（2009年9月注册）。

　　20世纪60年代到70年代日本迎来了战后的全盛期，发生很多新的变化。尤其是明治时代以后被忽视的传统歌舞伎的重要性被广泛认同。昭和40年（1965年）歌舞伎这种艺术形式被认定为重要无形文化财产（作为传承者的传统歌舞伎保护委员会成员也被一同认定），歌舞伎登上国立剧院的舞台，复活狂言等表演大获成功。随后在大阪市由电影院改装的大阪松竹座和福冈的博多座上演的表演使歌舞伎大受欢迎。特别是第三代传人市川猿之助表演的复活狂言技艺精湛，使得一时被轻视的各种表演形式再次复活。猿之助更深入地探索作为演剧形式的歌舞伎，创造了强调大胆演出的超级歌舞伎。近些年，第十八代传人中村勘三郎在平成村中座表演的歌舞伎和第四代传人坂田藤十郎等表演的关西歌舞伎又一次引起关注。在歌舞伎的演出中，涌现了像蜷川幸雄和野田幸树这样的现代剧表演家，在探索新歌舞伎形式的浪潮下，现代歌舞伎在剧场设备等方面与江户时代已完全不同。现代歌舞伎中以传统表演形式为核心，不断尝试现代形式的表演技巧。通过这样的表演活动，歌舞伎获得现代传统艺术的评价。

　　歌舞伎早在联合国教科文组织的无形文化遗产保护条约生效前的2005年（平成17年）就已被列入"杰作宣言"和"人类无形文化遗产代表一览表"，事实上已确定为世界无形文化遗产，但是直到2009年（平成21年）9月才第一次被正式登记。

二、聞きましょう

原文：

新しい歌舞伎座で「櫓揚げ」

　会場が来月に迫った新しい歌舞伎座についてです。

　先週竣工式が行われるなど準備が進んでいますが、今日は歌舞伎座のシンボルを掲げる作業が行われました。

　来月、東京銀座に開場する新しい歌舞伎座、今日、行われたのは正面玄関の

屋根の上に設置してこうぎょうを知らせる「櫓（やぐら）揚げ」です。

　この作業は地元のとび職の人たちがずっと担ってきました。作業責任者の石津弘之さん、58歳、今回初めて歌舞伎座の責任者を務めます。

　「櫓」は、もとは江戸時代に、幕府公認の芝居小屋である証でした。現代の歌舞伎座にも伝統としてひきつがれています。本来、櫓があがるのは11月のこうぎょうのときだけでしたが、今回は新たな歌舞伎座を祝い一年通してあげられます。そのため、これまでと違って、ワイヤーでしっかり固定、安全性を高めました。石津さんの仕事ぶりを先代の責任者が見守っていました。

　「現在、きれいになって、いいんじゃないかと思います。」

　新しい歌舞伎座会場前にシンボルの鳳凰が櫓に上がりました。

訳文：
新歌舞伎剧场举行挂牌仪式

　　新歌舞伎剧场下个月开业。

　　上周举行了竣工仪式，所有准备工作都在有序地进行，今天举行了挂牌仪式。

　　下个月，东京银座的新歌舞伎剧场开业，今天举行的是为了宣传演出而在正面玄关的屋顶上设置的挂牌仪式。

　　这项工作一直由当地的高空作业人员负责，58岁的石津弘之第一次担当此任。

　　"櫓"是江户时代由幕府官方承认的小剧场的营业执照，现在也依然沿用这一传统。本来挂牌应该在11月份，但为了庆祝新歌舞伎剧场开业，这次会悬挂一年，所以为了安全起见，不同于以往地用铁丝牢牢地固定，以前负责过此项工作的专业人员对石津的工作进行了监督。

　　"现在变得很漂亮，我觉得很不错。"

　　新歌舞伎剧场前悬挂着具有象征意义的凤凰。

問題1　A、B、C、Dの中から正しい答えを一つ選びなさい。
　(1)　C

問題2　文章の内容と合っているものに〇、ちがっているものに×をつけなさい。
　(1)　×
　(2)　×
　(3)　〇

問題3　次の文を完成しなさい。
　(1)　地元のとび職の人たち、作業責任者
　(2)　ワイヤー、先代の責任者

問題4　次の質問に答えなさい。
（1）新しい歌舞伎座のシンボルは鳳凰です。
（2）「櫓」は、江戸時代には、幕府公認の芝居小屋である証でしたが、現代の歌舞伎座にも伝統としてひきつがれています。

三、豆知識

訳文：

歌舞伎狂言

流传至今的江户时代的歌舞伎狂言剧目大致可分为由人形净琉璃演变而来的剧目和作为歌舞伎狂言创作的剧目。由人形净琉璃剧目演变而来的称为"丸本物"、"义太夫物"、"义太夫狂言"，而作为歌舞伎狂言创作出来的剧目称为纯歌舞伎。

内容上有"时代物"和"世话物"之分。所谓"时代物"是以江户时代前发生的史实为蓝本的写实类作品和将江户时代皇室、武家、僧侣阶级发生的事演绎成中世以前的作品。另一方面，"世话物"是描写江户时代市井世态的作品。

另外，歌舞伎中还有被称为"世界"的类型。这类故事发生的时代、场所、背景和人物设定为观众都知道的传说、故事或是历史事件。在《曾我物》《景清物》《隅田川物》《义经物（判官物）》《太平物记》《忠臣藏物》等的"世界"里，分别进行了特别设定，观众十分享受狂言作者在这样的世界中是如何展开故事情节的。

話題 19　茶道

一、聞く前に

訳文：

所谓茶道，就是将水煮沸，冲沏茶叶并饮茶的行为。同时也指以此为基础的表现形式和技艺。

茶道是一种以让宾主产生共鸣为宗旨，与茶碗等茶具和悬挂于壁龛的禅语等美术作品为构成要素，并包含茶会时间本身的艺术综合体。

现在的茶道一般是指使用抹茶的茶道，但也包括发源于江户时代的煎茶道。

茶事

茶事是指主人在款待少数宾客进餐后，随后举行的茶会。午餐用过怀石料理

之后的正午茶事是最基本的形式，但根据个人喜好有时也有夏季清晨举行的"晨茶会"和为悠闲度过秋冬漫长之夜而举行的"夜茶会"。根据个人喜好，还有把室外当作茶室的"野外点茶"和使用桌椅的"立礼式点茶"。

大型茶会
　　大型茶会，是指宾客较多的茶会。此种茶会多省略添炭礼法、上怀石料理和观摩茶具的环节。有的会作为活动的附加项目举行，也有的会增设很多并排的座席款待客人喝茶。对宾客而言，此类茶会气氛较为轻松自由，对主人而言则是隆重盛大的场合。

献上茶会
　　又称献茶，是在神社、佛堂、寺院向神佛献茶的仪式。用贵人茶碗向神佛献茶。会另外准备茶席，也会有求护身符和捐钱的情况。

启封新茶茶会
　　是指每年十月末到十一月初在各茶道门派中举办的茶会，五月份将采摘的茶叶放入茶壶中，此时将茶壶启封，用茶碾将茶叶碾成抹茶，鉴赏茶味浓淡，启封茶事是各茶道流派预测一年情况的极为重要的茶会。

二、聞きましょう

原文：

茶せん供養

　かわって、岡山からお伝えします。

　茶道を完成させたとされる千利休をしのんで、使えなくなった茶道具に感謝する「茶せん供養」が、津山市の寺で営まれました。津山市の裏千家津山支部は千利休が亡くなったとされる旧暦の2月28日ごろに、毎年、津山市小田中の聖徳寺で壊れて使えなくなった茶道具の「茶せん供養」を営んでいます。

　今日は、茶の愛好家およそ200人が集まり、寺の本堂には利休の姿を描いた掛け軸を掛けた祭壇が設けられ、その横には茶席に花をそえた利休にならって寒ツバキやウメなどが飾られました。

　そして、まずお茶をたてて祭壇に供えて、茶道に精進する思いを新たにしていました。

　そのあと、参加者が持ち寄った先が折れたり、壊れたりして使えなくなった茶道具の茶せんおよそ150本に住職の読経に合わせて火がつけられました。

　集まった人たちには、燃え上がる茶せんに手を合わせて、茶道具に感謝を込め供養していました。

訳文：

茶筅供奉仪式

按下来是从冈山发来的消息。

缅怀茶道创始人千利休，对不能再使用的茶具表示感谢的"茶筅供奉仪式"在津山市的寺院举行。津山市里千家津山支部每年在千利休的忌日，即阴历2月28日前后都会在津山市小田中的圣德寺举行对不能再使用的茶具表示感谢的"茶筅供奉仪式"。

今天，大约200名茶道爱好者聚集一堂，在挂有千利休的画像的正殿设祭坛，旁边的茶席上也像利休一样，摆着山茶花和梅花等作为装饰。

然后，沏茶供奉在祭坛前，表达将会不断改进茶道的决心。

之后，在住持的诵经声中，人们把带来的前端折断的以及不能使用的大约150个茶筅点燃。

参加者们对着点燃的茶筅双手合十，表达对茶具的感谢之情。

問題1　A、B、C、Dの中から正しい答えを一つ選びなさい。
(1)　D

問題2　文章の内容と合っているものに○、ちがっているものに×をつけなさい。
(1)　○
(2)　×

問題3　次の文を完成しなさい
(1)　旧暦の2月28日、聖徳寺、茶道具
(2)　およそ200人、利休の姿、寒ツバキ
(3)　茶道具の茶せん、150本

問題4　次の質問に答えなさい。
(1)　茶道を完成させたとされる千利休をしのんで、使えなくなった茶道具に感謝する行事のことです。
(2)　150本

三、豆知識

訳文：

千利休

千利休（生于大永2年（公元1522年），卒于天正19年农历2月28日（公元1591年4月21日））是生活在日本战国到安土桃山时代的商人和茶道方面的专家。

作为闲寂茶茶道（草庵茶）的集大成者被人们所熟知，被尊称为茶圣，并与今井宗九、津田宗及并称为茶道界三巨匠。

千利休对茶道进行了各种革新。他不仅指导工匠制作喜欢的茶具，还热衷于亲自设计茶室，制作花瓶和茶勺等工具。千利休对绍鸥时代很繁琐的茶会形式做了进一步简化，同时又设计、制作出别具雅寂趣味的茶道道具。其门徒和支持者也因此尊其为闲寂茶的集大成者。

話題20　花道

一、聞く前に

訳文：

花道也写作"华道"，也叫作"插花"（生け花、活花、挿花）。但是"華道"比"插花"这个称呼更强调修行求道的意思。花道有各种流派，各流派的样式、技法各有不同。花道是发源于日本的艺术，现代扩展到了国际。欧美的花卉设计，无论从三维的哪个角度看都是统一的式样。花道的很多流派将观赏方看到的一面视为正面，也有用二维空间最大限度表现三维空间的流派。花道不仅使用色彩鲜艳的花，枝的样子、树干的形状、叶子、苔等所有的花材都是鉴赏的重点，这一点和国外的插花设计理念完全不同。

历史

花道的发祥比较有力的说法是来源于佛教传入时要向佛祖供奉鲜花。在花瓶中插花的习惯可追溯至平安时代，如可以在《枕草子》等文献史料中查到。当初是使用已有的器具，后来开始制作专门的花瓶。

花道的确立是在室町时代中期，由京都六角堂的僧侣完成。僧侣代代在池边居住，所以被称为"池坊"。这个称呼后来成为了流派的名字。到江户时代中期，各流派形成了"立花"（たちばな、りっか；也写作"立華"）。从江户中期至后期，花道从之前的上流阶层、武家阶层流传至百姓家庭之中，以"插花"为中心，广受喜爱。

今天的花道多指江户时代后期文化文政时代所流行的插花。尤其是江户后期，风行的被称作"曲生"的远州流系中出现了很多能工巧匠，配合凝聚匠心的铜花器、严格挑选的花材以及工匠制作的花架等，由插花人将花插好，有很多创意设计流传至今。这个时期也是关西的未生流派、东日本的古流派等流派细分成更多流派的时期。

从江户末期开始至明治初期，随着世界范围的日本格调的流行，花道、插花传入欧州，对欧洲花卉设计的手法产生了影响。在日本国内，花的形态随着时代变得更丰富起来，出现了自由式插花、盛花等各种形式，植物以外的所有材料作为不同的花材也被广泛使用。

二、聞きましょう

原文：

生け花各流派の作品展

　色とりどりの春の花を使った生け花の展示会が、下関市で開かれています。

　この展示会は、下関市にある12の生け花の流派で作る下関市いけばな連合会が開いたもので、会場には63点が展示されています。小原流の西岡豊弘さんの作品は、柳を水の流れに見立てて、ツバキの花が水面に浮かんでいる様子を表現した作品で、本格的な春の訪れを感じさせます。

　「自然のお花はやっぱ心も和むし、安らぎを与えるということで、春の息吹を感じていただいたらいいようなかなと思います。」

　この生け花展は、今月20日まで下関大丸で開かれています。

訳文：

各流派插花作品展

　使用春天五颜六色的鲜花的插花展在下关市举行。

　这次展览会由下关市插花联合会主办，该联合会有12个插花流派，会场上展出了63件作品。小原流西冈丰弘的作品中将柳树做成流水的样子，表现了山茶花在水面上漂浮着的样子，让人们感受到春天真的到了。

　"自然的花能让人心旷神怡、心平气和，使人感受到春天的气息，感觉非常好。"

　本次在下关大丸举行的插花展将持续到本月20号。

問題1　A、B、C、Dの中から正しい答えを一つ選びなさい。
　(1) C

問題2　文章の内容と合っているものに〇、ちがっているものに×をつけなさい。
　(1) ×
　(2) 〇

問題3　次の文を完成しなさい。
　(1) 12の生け花の流派、63点
　(2) 心も和む、安らぎを与える、春の息吹

問題 4 次の質問に答えなさい。

(1) 下関市にある 12 の生け花の流派で作る下関市いけばな連合会によって、開かれました。

(2) この生け花展は、今月 20 日まで開かれています。

三、豆知識

訳文：

花的选择之我见

　　花的颜色、质感、季节的考虑统称为"花材的配合"。不同的流派有详细的规定，但基本上分为主材和配材。主材包括像腺齿越橘这样的木本花卉，配材包括菊花、一叶兰等的花材上加上观叶植物。但是，在插花方面，季节感很重要，腺齿越橘在从春季到秋季这三季都有，所以很难确定是什么季节。另外，现在菊花、一叶兰在四季也都会出现。因此，这种组合的作品使人不知道到底是春天的插花作品还是秋天的插花作品，季节感不是很明显。但是，也有利用腺齿越橘新芽初长的样子，这样春天的感觉就很强烈了。另外，如果使用变红的叶子，自然而然就感觉到是秋天来了。而且，菊花也有季节感很强烈的春菊、夏菊、秋菊、寒菊不同的种类，使用不同的菊花，会很容易联想到不同的季节。这样注意季节感地捕捉素材，即使是相同的花其表现力也会发生改变。但是，插花不是仅仅重视季节，造型的美观以及色彩的构成、素材的组合都会呈现出作品不同的目的和思想。由此，可分成自然调（日式插花）和造型（现代插花、西式插花）两大类，不同的类型采用不同的搭配组合。另一方面，流派规定古典插花（传统插花）是已经定型的插花形式。因此，在素材的配合、插花的方式、想法上都有严格的规定，一般不能随意发挥来进行创作。

話題 21　剣道

一、聞く前に

訳文：

　　古武士道的剑术的直接起源是江户时代后期发展起来的穿着防护用具的竹刀剑术。江户时代末期幕府末期的时候，形成了跨越流派的比赛。明治时代以后大日本武德会规定了比赛规则，剑道成为了一种真正的比赛项目。由于集合了很多流派，所以不像柔道的嘉纳治五郎那样有创始人。太平洋战争后，大日本武德

会解散，之后建立的全日本剑道联盟承担起了大日本武德会的各方面工作。

现代的剑道事实上被视为一种体育运动，但是全日本剑道联盟认为"剑道虽然是穿着防护用具，用竹剑一对一进行对抗的体育运动，但也是随着不断的练习，可以锻炼身心、培养人格的武士道"。

全日本剑道联盟在昭和 50 年（1975 年）3 月 20 日制定了"剑道的理念"、"剑道修炼之觉悟"。

剑道的理念

剑道是通过剑术的修炼培养人格之道。

剑道修炼之觉悟

认真学习剑道

磨练身心、养精蓄锐

通过剑道的特性学习礼节

重视信义

努力修行

以此热爱国家社会

为人类的和平与繁荣

做出贡献。

二、聞きましょう

原文：

800 人が剣道の野試合　甲府

「決戦、はじめ」

4 月 12 日の命日を前に、武田信玄をしのぶ祭りのイベントの 1 つで、800 人の子どもたちが一斉に戦う剣道の野試合が、甲府市で行われました。3 歳から 18 歳までの子どもたちが二手に分かれて、それぞれの面に赤や白の風船を付けて、向き合いました。

「合戦開始」の掛け声とともに一斉に駆け寄って、相手の風船を目がけて竹刀を振り下ろしました。武田信玄と上杉謙信が何度も争いながら、決着がつかなかった「川中島の合戦」にちなんで、この野試合も勝敗はつけません。

「急いでやるよりも、なんか何決でやるので、一味違う楽しみ方ができるなあと思います。」

訳文：

甲府800人参加非正式剑道比赛

"比赛开始"

为了纪念武田信玄，在他的忌日4月12日之前，甲府举行了由800个孩子一起对战的非正式剑道比赛。3到18岁的孩子分成两组，一组配带白气球，一组配带红气球，进行对决。

听到比赛开始的声音后，两队一起跑到对方面前，向气球劈去。武田信玄和上杉谦信在川中岛战役中数次交战都不分胜负，因此此次比赛也无需分出胜负。

"比赛不分胜负，不用急于求胜，可以进行几个回合，慢慢享受这份不同的乐趣。"

問題1　A、B、C、Dの中から正しい答えを一つ選びなさい。
(1) D

問題2　文章の内容と合っているものに〇、ちがっているものに×をつけなさい。
(1) ×
(2) 〇

問題3　次の文を完成しなさい。
(1) 4月12日の命日、800人の子どもたち
(2) 3歳から18歳まで、赤や白の風船
(3) 合戦開始、相手の風船

問題4　次の質問に答えなさい。
(1) 武田信玄をしのぶ祭りのイベントで、800人の子どもたちが一斉に戦う剣道の野試合が、甲府市で行われました。
(2) それぞれの面に赤や白の風船を付けて向き合いました。

三、豆知識

訳文：

剑道的国际化

战前，日本人移民至美国、巴西、日本曾统治的朝鲜、台湾地区等地进行剑道练习，但并没有国际化。

昭和45年（1970年），作为剑道的国际竞技团体成立了国际剑道联盟，同年举办了第1次世界剑道锦标赛。之后每3年举办一次。第一届的参加国有17个，近年来增至40个左右。但是很多国家没有剑道工具和教练，所以世界剑道锦标赛上各国的实力有很大差距。

随着剑道的国际化，有人提出将剑道列入奥运会项目。但是全日本剑道联盟认为，剑道如果成为奥运会项目的话就会陷入胜利至上主义、商业主义等误区，而丧失剑道的武士道特性，所以至今仍持反对态度。另外，剑道的有效打击的判定基准模糊，在国际竞技场中很难裁判也是一个棘手的问题。

　近年引起争议的是韩国剽窃剑道起源的问题（韩国起源说）。韩国在网络上歪曲历史，反复声称"剑道的起源不是日本，是韩国"，全日本剑道联盟在官网上发布声明，称剑道的起源是日本，对韩国的做法表示遗憾。

　2001年在韩国成立的世界剑道联盟，其董事有很多是跆拳道相关人员，其目标是将剑道像跆拳道一样列入奥运会项目。由于这个原因，近年来在日本也在讨论剑道是否加入奥运会的问题和韩国剑道起源说问题。也有人说国际剑道联盟加入国际奥林匹克委员会（IOC）旗下的GAISF是因为世界剑道联盟的加入，国际剑道联盟是为了被公认为真正的剑道国际竞技团体才加入的。

話題22　すもう

一、聞く前に

訳文：

关于相扑

　相扑是以日本特有的宗教——神道为基础的祭神活动，作为日本各个地区的一种"祭祀活动"，"敬神相扑"现在仍在举行。拥有健康和力量的男性在神的面前竭尽全力，是一种对神表示敬意和感谢的行为。因此，"礼仪礼法"也相当受重视，其中一点就是要求力士只能穿兜裆布。其影响在现代的相扑比赛中仍可见。另外，相扑从古至今和皇室也有很深的渊源。

　从另一个方面看，如果把它看成格斗比赛的话，是近于裸体，不使用工具，互相扭打，把对手推倒的一种摔跤形式的比赛。在英语里被书写成"Sumo"或者是"Sumo-Wrestling"。在类似的格斗比赛中，其特征是非常重视向前压倒对方。

二、聞きましょう

原文：

丸亀の大相撲巡業で調印式

　ついても大相撲です。大相撲の地方巡業が、ことし10月に丸亀市で開かれることになり、今日、市役所で調印式が行われました。

丸亀市での地方巡業は、十両の琴勇輝が市内の小学校を卒業していることなどから22年ぶりに行われることになりました。

　今日は、日本相撲協会巡業部の佐渡ヶ嶽親方が丸亀市役所を訪れて調印式が行われ、実施主体となる丸亀市福祉事業団の植村利克理事長と立会人の丸亀市の新井哲二市長が契約書に署名しました。

　丸亀市での地方巡業は、ことし10月22日に丸亀市民体育館で開かれ、横綱をはじめとする力士たちの迫力ある取組みや公開稽古が行われるほか、力士が相撲の禁じ手をおもしろおかしく紹介する「しょっきり」や子どもたちが力士に挑む「わんぱく相撲」など巡業ならではの催しも予定されています。

　香川県出身力士では、琴勇輝の参加が決まっています。

　「特に若い力士がですね、この親孝行しようという気持ちで、必死になって稽古をしている姿を見ていただけるのが一番よろしいかなあと思うんですけれどもね。とくに琴勇輝ですね、あのう一生懸命稽古をするとおもいますんで、それを見ていただいたらなあと思います。」

　新十両の希善龍も番付しだいで参加するということです。

訳文：

丸龟市的相扑巡演签字仪式

　　下面是相扑方面的消息。今年10月将在丸龟市举行相扑地区巡演，今天在市政府举行签字仪式。

　　十两选手琴勇辉22年前毕业于此地的小学，今年10月将回到这里参加相扑巡演。

　　今天，日本相扑协会巡演部的佐渡之嶽首领来到丸龟市政府，参加签字仪式，主办单位丸龟市福利事业集团的植村利克理事长和丸龟市新井哲二市长在协议上签字。

　　丸龟市相扑巡演于今年10月22日在丸龟市人民体育馆举行，以横纲为代表的力士们除了进行精彩的相扑比赛外，练习情况也对外公开，还会生动有趣地介绍相扑中禁止使用的招数，并会和孩子们进行趣味性相扑等只有巡演才会有的项目。

　　出身于香川县的琴勇辉也将参加。

　　"希望年轻的力士，怀揣着回报衣食父母的心情，希望让人们看到他们努力拼搏的状态。特别是琴勇辉，练习特别刻苦，希望大家能够看到这些。"

　　新十两希善龙也将参加此次巡演。

問題1　A、B、C、Dの中から正しい答えを一つ選びなさい。
(1) C

問題2　文章の内容と合っているものに〇、ちがっているものに×をつけなさい。
(1) ×
(2) 〇
(3) 〇

問題3　次の文を完成しなさい。
(1) 地方巡業、調印式が行われました
(2) 10月22日、横綱
(3) 相撲の禁じ手、力士に挑む

問題4　次の質問に答えなさい。
(1) 丸亀市での巡業は、ことし10月22日に丸亀市民体育館で開かれます。
(2) 丸亀市での巡業では横綱をはじめとする力士たちの迫力ある取組みや公開稽古が行われるほか、力士が相撲の禁じ手をおもしろおかしく紹介する「しょっきり」や子どもたちが力士に挑む「わんぱく相撲」など巡業ならではの催しも予定されています。

三、豆知識

訳文：

相扑比赛

　　作为职业相扑比赛，一年中要举行6场正式的比赛(有考核技术本领，决定地位和工资的性质)。

　　没有正式比赛的时候，举行地方巡回表演。正式比赛次数少的时候，在各相扑馆或者某一相扑馆内内部举行比赛，一年6场正式比赛这一制定被确定以后，主要由协会进行统一管理。巡演的收入，因为对于协会和各相扑俱乐部来说都很重要，所以从明治时期到昭和初期，很多为了改善相扑选手的待遇的要求都打出"巡演收入分配透明化"的标语。

召开月份	正式名称	通称	比赛地点
1月	一月会场	最初的会场	两国国技会馆
3月	三月会场	春季会场	大阪府立体育会馆
5月	五月会场	夏季会场	两国国技馆
7月	七月会场	名古屋会场	爱知县体育馆
9月	九月会场	秋季会场	两国国技馆
11月	十一月会场	九州会场	福冈国际中心

話題 23　野球

一、聞く前に

訳文：
日本棒球的实力
　　日本棒球曾在世界大赛上多次获得优异成绩。比如：1996年亚特兰大奥运会亚军；2006年度、2009年度WBC（世界棒球经典赛）冠军。无论是非职业的比赛还是IBAF洲际冠军杯，日本队都曾获得骄人战绩，共两次冠军、五次亚军。在美国职业棒球大联盟也可以看到如野茂英雄和一郎等日本选手活跃的身影。

球队的组成
　　一支棒球队由九名选手（当比赛采用指名击球手制时，是十名选手）、领队和教练组成。除上场比赛的选手之外，每队还有替补选手，职业球队有十六名选手，高中的球队有九名选手作为替补能够在比赛中出场。但是，被轮换下场的选手不能再次继续上场比赛。然而，场上选手的位置是可以改变的。

二、聞きましょう

原文：

大谷投手が花巻東の卒業式

　投手と野手を両立する「二刀流」に挑戦している日本ハムの新人、大谷翔平選手が今日、花巻東高校の卒業式に出席し、「1日も早く1軍で活躍する姿をみんなに見せたいです」と活躍を誓っていました。
　花巻東高校の卒業式は午前10時から始まり、両親が見守る中、大谷投手は少し緊張した様子で式にのぞみました。
「大谷翔平」
　式では大谷投手が去年、18歳以下の世界野球選手権大会に出場するなど、多くの人に感動を与えたとして、高校の特別功労者として表彰されました。

訳文：

大谷投手参加花卷东高中的毕业典礼

　　挑战即可防守也能进攻的日本哈姆队新人大谷翔平投手今天参加了花卷东高中的毕业典礼，他表示：" 一定尽快在正式比赛中施展自己的才能"。
　　花卷东高中的毕业典礼从上午10点开始，在父母的守望下，大谷投手神情

稍显紧张地出席了毕业典礼。

"大谷翔平"

大谷投手去年参加 18 岁以下世界棒球锦标赛时，给很多人留下了深刻的印象，因此在毕业典礼上被授予高中特别贡献奖。

問題1 A、B、C、Dの中から正しい答えを一つ選びなさい。
(1) C

問題2 文章の内容と合っているものに○、ちがっているものに×をつけなさい。
(1) ×
(2) ○

問題3 次の文を完成しなさい。
(1) 投手と野手、今日
(2) 18歳以下の世界野球選手権大会、高校の特別功労者

問題4 次の質問に答えなさい。
(1) 10時からでした。
(2) 高校の特別功労者として表彰されました。

三、豆知識

訳文：

在日本，更多的人倾向于通过观看比赛去享受棒球的乐趣而并非亲自上场参加比赛。根据《2005年休闲娱乐白皮书》的调查，2004年人们花费在棒球、垒球上的费用是990亿日元，约占所有球类体育用品总支出6640亿日元的15%。

作为通过俱乐部、同好会等形式来开展的一种运动占有一定的地位。根据内阁府的"关于体力、运动的舆论调查"（2007年2月的调查）显示：在加入俱乐部、同好会的男性中，有22.7%的男性加入的是棒球俱乐部、同好会，比第二名的高尔夫俱乐部、第五名的网球俱乐部的人数都多。但是，在女性当中，棒球并未跻身前五位。

根据文部科学省关于《我国体育、运动设施》（平成16年3月）的调查显示，在"职场体育设施"（8286处）中，棒球场、垒球场占据了13%（第二名），这与内阁府的统计相吻合。

話題 24　日本料理

一、聞く前に

訳文：

日本料理的特征

食材

　　日本料理的特征是特别尊重食材的新鲜度。一般使用以米为代表的谷物、蔬菜、豆类、水果、海鲜类、海藻等海产品、鸡肉等，几乎不使用乳制品。尤其是以海产品和大豆加工食品使用的多样性为特征，总的来说是低脂肪、高盐分。这样的特征与东南亚饮食文化相通，但是与东南亚料理相比，不同之处在于较少使用动物肉和油脂，很少使用香辛料。由于有新鲜的食材和优质的水，所以日本料理很注重最大限度发挥食材本身的味道。

　　调味的基调是盐、味道浓厚的高汤（用鲣鱼、海带等煮成的汤汁）、由大豆发酵而来的酱油、大酱。日本酒、米醋等用米发酵的调味品也很常用。为了增加甜度也使用麦芽糖和米酒，但是现代用的比较多的是砂糖。少量使用菜籽油、芝麻油等植物油，几乎不使用猪油等动物性油脂。主要是洗、煮食材，所以用水量很多，因此很重视水本身的味道。

装盘

　　摆盘漂亮是日本料理的一大特征。做出的食物不仅要注意色彩的搭配，还要考虑器具的质感、花纹等，充满季节感和风情也是日本料理的一部分。日本料理的摆放方法如下。

- 饭在左，大酱汤在右。由于日本自古以来以左为上位的文化，所以主食米饭放在左边。
- 有头有尾的鱼的装盘方法被称作"河背海腹"。如果是海鱼的话，头朝左，鱼腹朝向自己一侧（但是，只有鲽鱼头朝向右侧）。如果是河鱼的话，鱼头朝右，鱼背朝向自己一侧。另外关于鱼的做法的词汇里有个和这个相反的词叫作"海背河腹"。
- 鱼块的摆盘方法根据鱼的种类不同有所不同，有应将鱼皮朝上的称为"皮表"，也有应将鱼肉朝上的称为"身表"。大部分的鱼都是"皮表"摆盘。所以将鱼皮朝上，鱼肉朝下摆盘。与此相反，鳗鱼、康吉鳗、海鳗等是"身表"摆盘。
- 长的食材应放在长方形盘子里。

- 萝卜泥、葱花等配菜应放到较近的位置。

二、聞きましょう

原文：

女川のサンマ料理で復興支援に

　宮城県女川町で水揚げされたサンマをふるまい、東日本大震災からの復興支援につなげようという催しが横浜市で開かれました。

　横浜市中央卸売市場の業者の有志団体が企画した催しでは、女川町で水揚げされたサンマ5000匹が無料でふるまわれ、受け取った人は募金に協力していました。

　また、サンマのすり身を団子にして入れた「すり身汁」も販売されました。募金や売り上げ金は女川町に贈られるということです。

　「すごい脂があっておいしいです。」

　「ずっとこういうのを続けていってほしいですよね、応援もしたいですし。」

　「震災から二年たって、忘れられてきているんですけれども、横浜がらできることということで、サンマを焼き続けようと思ってます。」

訳文：

出售女川秋刀鱼料理支持灾区复兴

　横滨市通过出售宫城县女川町的秋刀鱼料理，以此来支持东日本大地震灾区的复兴事业。

　此项活动由横滨市中央批发市场的业者团发起，通过免费提供女川町的5000条秋刀鱼来让市民为灾区人民捐款。

　另外还出售秋刀鱼鱼丸汤，募集来的资金全部赠予女川町。

　"脂肪很厚的秋刀鱼料理非常好吃。"

　"希望能够继续组织这样的活动，我们也想为灾区做点事情。"

　"地震已经过去两年，人们都已经开始淡忘，作为横滨能做到的事情，我们希望继续出售秋刀鱼料理来支援灾区。"

問題1　A、B、C、Dの中から正しい答えを一つ選びなさい。
　(1) D

問題2　文章の内容と合っているものに〇、ちがっているものに×をつけなさい。
　(1) ×
　(2) 〇

(3) ○

問題3　次の文を完成しなさい。

(1) サンマ5000匹、受け取った人は募金

(2) すり身を団子、「すり身汁」

問題4　次の質問に答えなさい。

(1) 水揚げされたサンマを使った料理をふるまい、東日本大震災からの復興支援につなげようという催しが横浜市で開かれました。

(2) 会場ではサンマのすり身を団子にして入れた「すり身汁」が販売されました。

三、豆知識

訳文：

日本的吃饭礼仪

吃饭时日本人有独特的礼仪。此处讲述的是基于日本文化的，日本人吃饭时的一般礼仪。

各种餐具根据日本的吃饭礼仪进行摆放，筷子头朝右放在面前，米饭放在左边（基于传统文化中左为上的说法），汤放在右边，这是最基本的。

端碗

日本以前没有使用餐桌吃饭的习惯，用手端着碗或小碟吃饭的文化来自于使用筷子，正座在榻榻米上，使用低矮的小桌吃饭的历史。不用手端茶碗或是酱汤的碗或是向盘子探身、把嘴伸向食物被认为是没礼貌的做法（→犬食）。吃饭时端碗是正确的做法。

吃法

在日本，很多时候很多盘子同时摆在客人面前。这时只吃一个盘子里的食物并吃空是没礼貌的做法。在有很多菜的时候，应该按顺序每个都吃。很多时候人们专心于按顺序把料理送入口中从而最大限度地享受料理的味道。

話題25　日本酒

一、聞く前に

訳文：

日本特有的方法酿造出的酒除了清酒以外还有烧酒（麦烧酒、芋烧酒、冲绳

的泡盛酒）、米酒、铃木梅太郎等发明的合成清酒等。但是，只说"日本酒"的时候指的是清酒。日本酒一般就只被叫作"酒"。

日本酒的主要原料有米、水、酒曲，除此以外还需要酵母、乳酸菌等很多材料酿造而成，所以有时广义上把这些都叫作"日本酒的原料"。专门用作调酒香的"釀造酒精"、"酸味料"、"調味料"、"氨基酸"、"糖"等称作副料，与主料相区别。

日本酒和啤酒、葡萄酒一样，属于釀造酒，通过发酵原料获得酒精。但是，日本酒、啤酒和葡萄酒不同，由于原料中不含糖分，所以必须要有糖化过程。啤酒是在麦汁完全被糖化后再发酵，而日本酒的最大特征是糖化与发酵同时进行。并行复发酵的日本酒独特的釀造方法是日本酒比其他釀造酒酒精度数高的主要原因。

日本酒保质期的问题

日本酒和牛奶等一样，新鲜就是生命，所以生酒自然不用说，即使不是生酒的经过加热处理的酒原则上也应出厂后尽快饮用。

生新酒从酿好那天起的三周内是享受生新酒新鲜味道的最佳时期，所以在卖酒的地方、酿酒厂中可以三周内将酒送到指定的地方。但是生新酒因为马上就会开始变质，如果已经过了三周的话，就需要再等一段时间等到酒变香醇。酒不同，储存方法也不同，有时可以用冰箱冷藏6个月左右会变得更好。

二、聞きましょう

原文：

諫早で新酒祝う酒蔵開き

ことしの新酒の完成を祝う酒蔵開きが、諫早市の酒造会社で行われ、訪れた人たちが、ふだん入ることができない酒蔵の中で絞りたての新酒を味わいました。

諫早市の酒造会社「杵の川」では、その年の新酒を楽しんでもらおうと、毎年新酒ができるこの時期にふだん入ることができない酒蔵を公開する酒蔵開きを行っています。この酒造会社では長崎県産の「にこまる」など九州各地でとれた米を使って酒をつくっていて、今日の酒蔵開きには朝早くから多くの人が訪れ、1000本限定で売り出された大吟醸酒を買い求めようと、長蛇の列ができていました。

また、絞りたての新酒を試飲できるコーナーでは訪れた人たちがアルコール度数の高い原酒などを味わっていました。

ことしの新酒は、バナナなどの果物を思わせる芳じゅんな香りとずっしりとした味で上々の出来だということです。

「今年の新酒の味確かめていただいて、で、あのう、今回、まあ、県内のですね、いろんな特産品もですね、販売おいていただいていますので、ぜひ、あのう、長崎県のですね、食して、まあ諫早のですね、食と酒を楽しんいただきたいなと思ってます。」

　酒蔵では、県内で唯一のたる職人が酒だるをつくる実演も行われ、にぎわいを見せていました。この酒蔵開きはあすも行われます。

訳文：

諫早举行酒窖开窖仪式

　　23号諫早市某造酒公司为了庆祝新酒上市举行了酒窖开窖仪式，参加者进入平时不开放的酒窖，品尝了新酒。

　　諫早市杵之川造酒公司为了让人们品尝新酒，每年在新酒上市时都会开放平时不能进入的酒窖，举行酒窖开窖仪式。这家酒厂采用长崎县"和丸"等九州各地的米酿酒，今天很多人早上很早就来到活动现场，想买限量出售1000瓶的精酿酒的人排起了长队。

　　还有很多人在试饮处品尝了高度原浆酒。

　　今年的新酒有股香蕉等水果的清香，非常好喝。

　　"今天请大家品尝了新酒，还出售县里很多的特产，欢迎大家尽情品尝长崎县、諫早市的美酒和美食。"

　　在酒窖里，请县内唯一的制作酒桶的工匠进行了演示，备受欢迎。此次新酒品尝会将持续到明天。

問題1　A、B、C、Dの中から正しい答えを一つ選びなさい。
　(1) A

問題2　文章の内容と合っているものに○、ちがっているものに×をつけなさい。
　(1) ×
　(2) ×
　(3) ○

問題3　次の文を完成しなさい。
　(1) 絞りたての新酒
　(2) 九州各地で取れた、1000本限定
　(3) コーナー、アルコール度数の高い原酒

問題4　次の質問に答えなさい。
　(1) 諫早市の酒造会社「杵の川」では、新酒を楽しんでもらう酒蔵開きを行いました。

(2) 絞りたての新酒を試飲できるコーナーでは訪れた人たちがアルコール度数の高い原酒などを味わっていました。

三、豆知識

訳文：

2010年（平成22年）清酒的生产数量是42万5,199千升，销售（消费）数量是55万8,443千升。2009年（平成21年）清酒的生产厂家数量是1,585家，其中中小企业占99.6%。日本酒生产数量较多的地方有：拥有酿酒名产地"滩"的集中了大制造商的兵库县（约30%）、同样拥有酿酒名产地"伏见"的京都府（约20%）和近畿地区，接下来是米产量丰富的新泻县（约7%）、距离大消费地较近的埼玉县（约4%）、爱知县（约4%）。成人人均日本酒消费数量新泻县最多，其次是东北地区各县。

现在由于有了制造出更高酒精度数的日本酒的技术，所以出现了像"越后侍"（玉川酒造）那样通过清酒的制造方法制造出的46度的酒。

海外受欢迎度

近年、日本酒在发源国日本的消费有减少的倾向。不仅日本酒，包括啤酒、威士忌在内，日本近年来酒类饮品的消费量在减少。

另一方面，在美国、法国的市场中，日本酒，尤其是精度酒的消费在扩大，英国从2007年开始在国际葡萄酒比赛中设置了日本酒部门。在海外多是模仿日语中"酒"的发音，将其称为"sake"（英语读法为"saki"）。

在韩国，也从数年前开始掀起了日本酒热潮。但是由于关税高，在当地被视为高级酒。日本酒在韩国曾被称为"正宗"（起因于樱正宗），但是最近"sake"这个叫法已经固定下来。

話題26　みそ

一、聞く前に

訳文：

关于大酱

大酱是用粮食发酵做成的日本发酵食品，很久以来都被视为日本的基本调料之一，作为日本风味闻名于日本之外的国家。它的主要原料是大豆（战国等时代主要用米糠作为原料），与曲子和盐混合在一起，通过发酵，大豆的蛋白质容易被吸收、分解，作为甜味基础的氨基酸大量游离。

大酱的种类
（1） 大酱有很多种，根据地区和种类被区分为：深色酱、浅色酱、调和酱等。
（2） 根据原料的不同，可分为以下几种。
米酱：大豆和大米发酵成熟所制。
麦酱：大豆和大麦或者是青稞发酵成熟所制。
豆酱：大豆发酵成熟所制。
调和酱：以上各种大酱混合所得，或者是其他大酱。

二、聞きましょう

原文：

手作りみその仕込み盛ん

　兵庫県北部の香美町では、地元の女性たちが作る昔ながらの手作りみその仕込み作業が最盛期を迎えています。
　香美町香住区の米地地区では、地元の女性たちが、コメの転作で生産を始めた大豆を使って、昭和57年から「米地みそ」と呼ばれる昔ながらの手作りみそを作っています。
　寒さが厳しくなるこの時期は、みそがゆっくりと発酵しておいしく仕上がるため最も仕込みに適しているということです。蒸した大豆にこうじと塩を加えて混ぜ合わせます。機械でミンチ状にすりつぶします。仕込んだみそは一晩置いて熱をさまし、貯蔵庫で1年4か月ほど寝かせてじっくり熟成させます。
　「昔ながらの塩分控えめの、あのう、おふくろの味ですね。もう、本当に自分の子育てるような感じでしてきましたのでね、愛情がたっぷり入っていると思います。」

訳文：

自制大酱的最好时期

　在兵库县北部的香美町，当地的女士们迎来了自制传统大酱的最佳时期。
　香美町香住区的米地地区，当地的妇女用大米换茬出产的大豆制作传统的大酱，这种酱叫"米地酱"，从昭和57年开始每年都会制作。
　在寒冷的冬天最适合制作这种大酱，可以使其慢慢发酵。先把大豆蒸熟，放入盐和曲种进行搅拌，然后用机器将其打碎。加工好的酱放置一晚使其冷却，再放入窖里1年4个月，使其充分发酵、成熟。
　"米地大酱是我们像养育孩子一样、充满感情精心制作出来的酱，它盐分低，应该会让大家想起小时候妈妈做的酱。"

問題1　A、B、C、Dの中から正しい答えを一つ選びなさい。

(1) C

問題2　文章の内容と合っているものに〇、ちがっているものに×をつけなさい。

(1) 〇

(2) ×

問題3　次の文を完成しなさい。

(1) 手作りみそ、最盛期

(2) 一晩、1年4か月

(3) 塩、ミンチ状

問題4　次の質問に答えなさい。

(1) 麹と塩を加えて手で混ぜ合わせて、できたのです。

(2) 仕込んだみそは貯蔵庫で一年間四ヶ月寝かせるのです。

三、豆知識

訳文：

酱汤的制作方法

制作方法（两碗酱汤）：

1. 在锅里放不满三碗水（大约有一碗水会蒸发）。
2. 放入不足一平勺的高汤粉。
3. 将芋头、萝卜、胡萝卜、洋葱、香菇这些需要较长时间加热的材料下锅煮。
4. 这时尝一下汤汁的味道，煮到就这样能够喝的程度，如果汤的味道不足的话可以再放些味精。
5. 加入茄子等不耐煮的材料（茄子煮的时间长的话会掉色）。
6. 加入大酱后煮沸。深色酱煮沸后味道会更好。像普通的大酱一样，在沸腾前熄火会有酸味，味道不佳。
7. 品尝味道之后根据需要再加入适量大酱。
8. 把豆腐、细葱、裙带菜等不需要加热过长时间的东西加入里面。
9. 最后摆放上嫩菜叶就完成了。

話題27　駅弁

一、聞く前に

訳文：

所谓的车站盒饭是铁路车站及列车内向旅客卖的便当盒饭，首例"车站盒饭"是明治 18 年（1885 年）栃木县的宇都宫站卖的饭团。

贩卖形式

最一般的贩卖形式是在检票口外及站台上制作盒饭的小店里，放在店铺门口来出售。有时也在制作者经营的车站内的站食荞面馆、乌冬面馆出售，站内连锁小卖店等非制作生产者经营的小店也有出售。

此外，在车站内车站盒饭畅销的时间段，站台上会有临时的带轮手推车或是台子，上面摆放着车站盒饭或茶进行贩卖的形式。售货员脖子上挂着个长方形托盘或是不太高的箱状容器，里面放着盒饭和茶水，在站内边走边叫卖。但是，无论哪种形式都在逐年减少。

二、聞きましょう

原文：

九州駅弁グランプリで審査

九州で最も人気のある駅弁を選ぶ、恒例の「九州駅弁グランプリ」の最終予選の一環として、買い物客が試食を行って気に入った駅弁に投票する審査会が福岡市で行われました。

福岡市博多区の JR 博多シティで昨日行われた審査会には、インターネットなどの投票で絞り込まれた 14 の駅弁が並びました。

用意された駅弁は、地元特産の食材や郷土料理を生かした個性的なものばかりで、会場には、大勢の家族連れなどが訪れ、試食用に小分けされた駅弁をいくつも手にとって、食べ比べていました。

主催する JR 九州によりますと、ことしは、高級志向のものが多かったということです。

「七種類ぐらい食べました。」

「今で大体六ぐらいで、いろんなのが食べられて、うれしいです。」

「お弁当のイメージは変わりますね、あそこの駅に食べて買いたいなあみたいなあ」

訪れた人たちは試食した後、「旅情感」や「郷土食」などの審査基準をもとに、好きな駅弁を 3 つ選び、投票用紙に記入していました。

「九州駅弁グランプリ」は、今回の投票結果などを踏まえて、来月 8 日に福岡市で最終審査が行われ、グランプリが決定します。

訳文：

九州车站盒饭大奖赛

为了选出九州最受欢迎的车站盒饭，"九州车站盒饭大奖赛"最后一个环节顾客品尝投票审查会在福冈市举行。

昨天在福冈市博多区 JR 博多城举行的审查会上摆放着网络投票选出的 14 种盒饭。

每种盒饭都是使用当地特产精心制作，将乡土菜发挥到了极致，各有特色，会场上很多人带着家里人，手里拿着几份品尝用的小份盒饭，仔细比较。

据主办单位 JR 九州透露，今年有很多高品味的车站便当。

"我大概吃了 7 种。"

"目前大概吃了有 6 种，很好吃。"

"对车站盒饭有了新的认识，在那边的车站吃过后有了想买的心情。"

品尝之后根据"异乡风情"、"乡土特色"等标准进行投票，选出 3 个自己喜欢的盒饭，写在选票上。

"九州车站盒饭大奖赛"将根据本次的投票结果，下月 8 号在福冈进行最后的评审，选出大奖得主。

問題1　A、B、C、Dの中から正しい答えを一つ選びなさい。
　(1) C

問題2　文章の内容と合っているものに○、ちがっているものに×をつけなさい。
　(1) ○
　(2) ×
　(3) ×

問題3　次の文を完成しなさい。
　(1) 福岡市博多区、14 の駅弁
　(2) 大勢の家族連れ、小分けされた駅弁
　(3) 今回の投票結果、来月 8 日

問題4　次の質問に答えなさい。
　(1) インターネットなどの投票で絞り込まれた 14 の駅弁が並びました。
　(2)「九州駅弁グランプリ」は、来月 8 日に決まります。

三、豆知識

訳文：

地方特产作为大型活动商品进行销售的尝试

车站盒饭已经不局限于其实用性，其流行趋势是发展带有地方乡土特色的便当。它可以通过路边餐馆、服务区、百货商场、网络销售等方式来扩大销路。此外，盒饭的从业者有时也将车站盒饭拿到附近的机场作为飞机便当来贩卖。

在这种潮流中，车站以外地方成了车站便当的主要销路。其中的具有代表性的是，将重点转向服务区的 JR 东日本信越线横川站的名为"山巅什锦盒饭"，还

有将重点转向百货商场的 JR 北海道函馆本线森站的"鱿鱼饭"。

　　在百货商场超市里聚集了全国有名的车站便当，这样的便当大会活动很受欢迎，很多便当被抢购一空。铁道公司的大型活动也以此吸引客人。博多站有出售周边地区（九州全境）的人气便当的店，当附近的车站有活动的时候，也会前去销售便当。

話題 28　大学入試

一、聞く前に

訳文：

国立、公立大学入学考试

　　一般入学考试原则上必须参加国家统考。同时，还要参加由大学（系、学科）单独出题的以考察个别能力为目的的考试（也称为二次考试）。由统考和个别能力考试的合计得分决定是否录取。统考和个别能力考试的占分比重各个学校、专业有所不同。个别能力考试的内容根据学校、专业有所不同，一般的学习能力可以通过统考来考察，个别能力考查的形式一般为写小论文、面试等。也有的学校和专业不设立个别能力考试，只由统考成绩决定是否录取。

　　所谓的大学统考是由独立行政法人大学入学考试中心在每年的 1 月 13 日以后的第一个周六和周日进行的为期两天的日本大学统一考试。

私立大学入学考试

　　私立大学一般入学考试多在 1 月下旬到 3 月上旬进行。考试次数在一次到数次不等。有的学校可以在校内填报不同专业的双志愿。也有的学校采取在连续数日的考试中自由选择一次或两次以上考试的自由选择制。采取这种方式的学校中有的可以交一次考试费而参加几次考试，也有的采取第二次考试后的考试费减免的政策。很多大学都是在 3 月进行入学考试，也有的大学从 2 月到 3 月每周都进行入学考试。入学考试方式的名称各个大学有所不同，各式各样。

二、聞きましょう

原文：

合格祈願たこ焼きが人気　静岡

「大学入試センター試験が始まるということで、本格的な受験シーズン到来

となります。」

「はい、こうしたなか、静岡県浜松市では、合格祈願のたこ焼きが受験生の人気を集めています。」

「こちらのたこ焼き、ごらんのように、よく伸びます。受験勉強に粘り強く取り組めるようにという意味が込められているのです。」

このたこ焼きには餅とチーズが入っています。その名も「ひっぱりだこ」、多くの学校に合格して、引き手がいっぱい来るようにと名付けられました。トッピングは合格の桜の花をイメージした桜色のエビです。

訳文：

能给高考生带来好运的章鱼烧热销　静冈县

"大学统考已经开始，意味着考试季已经到来。"

"是的，其中静冈县的滨松市出售的考试合格章鱼烧受到了高考生的欢迎。"

"如大家所见，这种章鱼烧能拉伸很长，有高考生要不断努力学习的含义。"

章鱼烧里面加进了年糕和奶酪，名字叫作"人气王"。这种可以拉伸的章鱼烧是希望能够通过多所高校的考试，吸引很多高校录取而得名。章鱼烧上点缀的是与樱花同样颜色的虾，樱花是考试合格的象征。

問題1　A、B、C、Dの中から正しい答えを一つ選びなさい。
　(1) C

問題2　文章の内容と合っているものに〇、ちがっているものに×をつけなさい。
　(1) ×
　(2) 〇

問題3　次の文を完成しなさい。
　(1) 餅、チーズ
　(2) 合格の桜の花、桜色のエビ

問題4　次の質問に答えなさい。
　(1) 合格祈願のたこ焼きです。
　(2) 多くの学校に合格して引き手がいっぱい来るようにと「ひっぱりだこ」
　　　と名付けました。

三、豆知識

訳文：

2013年大学入学考试

第1天 2013年1月19日

- **地理历史、公民**：最多选择不包括同一名称的两个科目。满分各 100 分，考试时间各 60 分钟。（选择两个科目考试的话、中间留有 10 分钟的收卷时间）
  - 世界史 A
  - 世界史 B
  - 日本史 A
  - 日本史 B
  - 地理 A
  - 地理 B
  - 现代社会
  - 伦理
  - 政治·经济
  - 伦理、政治·经济
- **语文**：满分 200 分（近代以后的文章 100 分、古文 50 分、汉文 50 分），考试时间 80 分钟。
  - 语文
- **外语（笔试）**：满分各 200 分，考试时间 80 分钟
  - 英语
  - 法语
  - 德语
  - 汉语
  - 韩语
- **外语（听力）**：满分 50 分，考试时间 60 分钟（机器等说明时间 30 分钟，答题时间 30 分钟）
  - 英语

在外语（笔试）中选择英语的考生必须参加此项考试，只是重度听力障碍者可以免考。另外，选择英语以外的其他外语的考生不需参加此项考试。

第 2 天 2013 年 1 月 20 日

- **理科**：最多选择两个科目。满分各 100 分，考试时间各 60 分钟（选择两个科目考试的话中间留有 10 分钟的收卷时间）
  - 理科综合 A
  - 理科综合 B
  - 物理 I
  - 化学 I
  - 生物 I

- 地学 I
- **数学**（1）：满分各 100 分，考试时间 60 分钟
  - 数学 I
  - 数学 I、数学 A
- **数学**（2）：满分各 100 分，考试时间 60 分钟
  - 数学 II
  - 数学 II、数学 B

  关于数学 B 在数列、矢量、统计和计算机、数值计算和计算机中选择两道题进行解答。
  - 工业数理基础
  - 薄记、会计

  关于会计，在会计基础、借贷对照表、收益表、各种财务报表的运用这四个项目中从会计基础出题。
  - 信息关系基础

  从关于以职业教育为主的农业、工业、商业、水产、家庭、护理、信息、福利这八个学科的信息基础科目出题（农业专业：农业信息处理、工业专业：信息技术基础、商业专业：信息处理、水产专业：水产信息技术、家庭专业：家庭信息处理、护理专业：护理信息处理、信息专业：信息产业和社会、福利专业：福利信息处理）。

話題 29　東京大学

一、聞く前に

訳文：

　　东京大学于江户幕府时期设置，继承了昌平坂学问府、"天文方"和防疫接种所的思想理念，吸收了欧美诸国的各种制度，是日本第一所现代大学。在国内外受到了很高的评价，在评价世界大学的排名"世界大学排行榜 2012-2013 年度"中，位居第 27 位，亚洲第一位。（该杂志世界大学名声排名第 8 位）

　　截至 2011 年，在诺贝尔获奖者中，有 4 名是东京大学博士毕业生，有 7 名是该校的本科毕业生。

　　东京大学在创立时期没有特别定下建校的精神，但是，伴随着国立大学的法人

化，现在制定了《东京大学宪章》，《东京大学宪章》以明确大学的使命和指明前进的道路为目的，由学内有识者会议制定的。作为本科教育的基础，倡导重视素质教育。

重视素质教育是东京大学教育方面的一大特征。在教养学部前期课程中开设了素质教育科目，东京大学所有学部、研究科、研究所均需参加这个科目的学习。作为主要担当者的教养学院，在各大学只能申报一项的有特色的大学教育支援项目中，"素质教育和研究生院先端研究的创造性联合推进"获得立项，可见素质教育受到很大重视。

二、聞きましょう

原文：

東京大学が初の推薦入試を導入へ

東京大学は現在、2次試験を定員2900人の前期日程と定員100人の後期日程に分け、いずれも筆記試験で合格者を選抜しています。

しかし、国際的に活躍できる人材を育成するためには、筆記試験の点数によらず、多様な学生を確保する必要があるとして、東京大学は去年4月、学内に検討会議を設置し、入試制度の在り方を議論してきました。

その結果、5年後をめどに後期日程を廃止し、筆記試験を行わず高校での活動や面接を重視して、合否を判定する推薦入試を導入する方針を固めました。

その際も、学生の学力を担保するため、大学入試センター試験はこれまでどおり実施するとしています。

文部科学省によりますと、現在、全国に82ある国立大学のうち、2次試験で推薦入試を行っていないのは、東京大学と東京芸術大学、それに京都大学だけで、東京大学が推薦入試を実施するのは、創立以来、初めてです。

訳文：

东京大学首次导入推荐入学制度

东京大学入学考试主要是对前期考试的2900人和后期考试的100人进行2次笔试考试，选拔合格者。

但为了培养在国际上有所成就的人才，不能只看考试成绩，为了选拔全面发展的学生，去年4月份学校在校内召开研讨会讨论现行的考试制度。

会议指出：预计5年后取消后期考试，不进行笔试，而是采取推荐入学制度，通过学生在高中的表现以及面试来决定是否录取。

为了确保学生的学习能力，录取的学生仍然需要通过大学统考。

据文部科学省的统计，现在全国82所国立大学2次考试不采用推荐入学的只有东京大学、东京艺术大学和京都大学，东京大学首次开始尝试实施推荐入学制度。

問題1　A、B、C、Dの中から正しい答えを一つ選びなさい。

(1)　C

問題2　文章の内容と合っているものに〇、ちがっているものに×をつけなさい。

(1)　×

(2)　×

問題3　次の文を完成しなさい。

(1)　定員2900人の前期日程、定員100人の後期日程

(2)　筆記試験の点数、入試制度の在り方

(3)　82ある国立大学、東京大学と東京芸術大学、京都大学

問題4　次の質問に答えなさい。

(1)　5年後です。

(2)　東京大学、東京芸術大学、京都大学です。

三、豆知識

訳文：

　　在东京入学考试中，全国统一考试包含前期日程7门考试（文科：5科7门，或是6科7门。理科：5科7门），后期日程中包含5科6门考试。二次考试文科、理科都包含4科5门考试，考试科目越来越多。

　　前期日程中，全国统考的得分压缩到110分，与二次考试的440分合计共550分满分，以此来判定考试是否合格。因为二次考试的比重更高，所以往往有考生会轻视全国统考，但如果考试合格人数超过了一定的数量，通常会以统考的得分来进行第一阶段的选拔。

2013年度大学入学考试全国统一考试实施时间表

考试：2013年1月19日（周六）·20日（周日）

追加考试：2013年1月26日（周六）·27日（周日）

考试日	考试科目		考试时间
第1天	地理历史	世界史A、世界史B 日本史A、日本史B 地理A、地理B	【2科目选择】 9：30～11：40 【1科目选择】 10：40～11：40
	公民	现代社会、思想道德 政治·经济、思想道德+政治·经济	
	语文	语文	13：00～14：20
	外语	英语、德语、法语 汉语、韩语	【笔试】15：10～16：30 【听力】只限英语 17：10～18：10

日程		科类	科目	时间
第2日		理科	理科综合A、理科综合B 物理Ⅰ、化学Ⅰ 生物Ⅰ、地质学Ⅰ	【2科目选择】 9：30～11：40 【1科目选择】 10：40～11：40
		数学①	数学Ⅰ、数学Ⅰ·A	13：00～14：00
		数学②	数学Ⅱ、数学Ⅱ·B 工业数理基础、会计、 信息关系基础	14：50～15：50

2013年度东大入学考试日程/考试科目·时间

日程	二次考试/合格发榜	考试日/发榜日	考试科目·时间			
前期日程	第1阶段考试发榜	2月13日（三）	—			
	二次考试	2月25日（一）	文科	语文	9：30～12：00	(150分钟)
				数学	14：00～15：40	(100分钟)
			理科	语文	9：30～11：10	(100分钟)
				数学	14：00～16：30	(150分钟)
		2月26日（二）	文科	地理历史	9：30～12：00	(150分钟)
				外语	14：00～16：00	(120分钟)
			理科	理科	9：30～12：00	(150分钟)
				外语	14：00～16：00	(120分钟)
	发榜	3月10日（日）	—			
后期日程	第1阶段考试发榜	3月10日（日）	—			
	二次考试	3月13日（三）	理三以外	综合科目Ⅲ（论述）	9：30～11：30	(120分钟)
				综合科目Ⅱ（数学应用）	13：00～15：00	(120分钟)
				综合科目Ⅰ（英语阅读）	16：00～18：00	(120分钟)
	发榜	3月22日(五)	—			

話題 30　日本の大学生

一、聞く前に

訳文：

＜平成 20 年度调查结果的主要特征＞

　　○学生生活费：大学本科（白天）、硕士研究生课程、博士课程，以平成 12 年调查为顶峰，连续四期减少。

【学生生活费的变化】

	平成 12 年		平成 20 年	
大学本科（白天）	2,058,200 日元	⇒	1,859,300 日元	(▲9.7%)
硕士研究生课程	1,898,000 日元	⇒	1,742,100 日元	(▲8.2%)
博士课程	2,248,000 日元	⇒	2,053,100 日元	(▲8.7%)

○大学本科学费连续增加，生活费以平成 12 年度调查为顶峰，之后连续四期减少，减少的幅度超过了学费的增加幅度。

【学费及生活费的变化】

	平成 12 年		平成 20 年	
学费	1,121,400 日元	⇒	1,183,000 日元	(▲5.5%)
生活费	936,800 日元	⇒	676,300 日元	(减少 27.8%)

○大学本科生的经济来源和 10 年前相比，一方面来自于家庭的比例减少，另一方面，奖学金的占比增加。

【收入总额占比】

	平成 10 年		平成 20 年	
来自于家庭	73.2%	⇒	65.9%	(减少 7.3)
奖学金	7.0%	⇒	15.3%	(▲ 8.3)

二、聞きましょう

原文：

大学生の学習時間　一日平均 39 分

　大学生の学習時間はどれくらいなのか、全国の学生を対象に調べたところ、一日の平均が 39 分で、1 週間の学習時間がゼロという学生も 4 年生では 8 人

に1人に上るという調査結果がまとまりました。

　この調査は、全国大学生活協同組合連合会が学生の生活実態を調べようと去年10月から11月にかけて行い、全国の国公立と私立、合わせて30校の学生およそ8600人が回答しました。

　この中で、講義の予習や復習など一日の学習時間を尋ねたところ、文系の学生が平均で28分、理系の学生が48分、全体では39分でした。

　さらに、1週間の学習時間がゼロと答えたのは、1年生が7.6%、2年生が10.2%、3年生が11.7%、4年生が12.8%と学年が上がるにつれ増えていました。

　特に文系の4年生は18.2%で、およそ5人に1人が1週間の学習時間がゼロと答えました。

　「大学院に行く学生が多い大学は勉強しないと大学院にいけませんし、みんながみんな勉強しないわけではないと思うんですね。ただ、多くのその就職をまあ控えている、あるいは大学四年で就職したいと思っている大学学生についてはこういう傾向になっているんじゃないか。」

訳文：

大学生平均每天学习时间为39分钟

　　大学生的学习时间有多少？通过对全国学生调查得出以下结果：学生每天学习时间平均为39分钟，四年级学生8个人中就有1个人一周的学习时间为0。

　　这项调查是去年10月至11月全国大学生活协同组合联合会对学生的生活情况进行的调查，全国30个院校8600人进行了回答。

　　其中，对于每天预习、复习时间多长这一问题，文科生平均为28分钟，理科生平均为48分钟，全体平均为39分钟。

　　另外，一周学习时间为0的各年级学生比例为：1年级7.6%，2年级10.2%，3年级11.7%，4年级12.8%，可见年级越高学习时间越短。

　　特别是文科4年级学生有18.2%的人，也就是大约5人中就有1个人不学习。

　　"我认为并不是所有学生都不学习，想考研的学生不学习也考不上，只是很多学生在公司实习或是到了4年级忙着找工作没有时间学习，会有这种倾向。"

問題1　A、B、C、Dの中から正しい答えを一つ選びなさい。
　（1）B
問題2　文章の内容と合っているものに〇、ちがっているものに×をつけなさい。
　（1）〇
　（2）×

問題 3 次の文を完成しなさい。

(1) 10月から11月にかけて、8600人

(2) 28分、48分

(3) 文系の4年生、1週間の学習時間がゼロ

問題 4 次の質問に答えなさい。

(1) 多くの四年生は就職活動に忙しくて、学習時間が少ないのです。

(2) 文系の4年生は18.2%で、およそ5人に1人が1週間の学習時間がゼロと答えました。

三、豆知識

訳文：

平成20年学生生活調査結果

（単位：日元）

<table>
<tr><th rowspan="2" colspan="2">区分</th><th colspan="3">学费</th><th colspan="3">生活费</th><th rowspan="2">合计</th></tr>
<tr><th>学费、学校收取的其他费用</th><th>研修费、课外活动费、交通费</th><th>小计</th><th>伙食费、住宿费、煤气费、电费</th><th>保健卫生费、娱乐费、个人嗜好费、其他日常费</th><th>小计</th></tr>
<tr><td rowspan="4">大学本科部</td><td>国立</td><td>510,600</td><td>134,200</td><td>644,800</td><td>532,800</td><td>288,800</td><td>821,600</td><td>1,466,400</td></tr>
<tr><td>公立</td><td>528,900</td><td>143,400</td><td>672,300</td><td>455,900</td><td>289,300</td><td>745,200</td><td>1,417,500</td></tr>
<tr><td>私立</td><td>1,175,800</td><td>162,200</td><td>1,338,000</td><td>345,900</td><td>292,700</td><td>638,600</td><td>1,976,600</td></tr>
<tr><td>平均</td><td>1,026,700</td><td>156,300</td><td>1,183,000</td><td>384,500</td><td>291,800</td><td>676,300</td><td>1,859,300</td></tr>
<tr><td rowspan="12">研究生院</td><td rowspan="4">硕士课程</td><td>国立</td><td>507,800</td><td>135,600</td><td>643,400</td><td>680,200</td><td>330,600</td><td>1,010,800</td><td>1,654,200</td></tr>
<tr><td>公立</td><td>515,700</td><td>181,000</td><td>696,700</td><td>543,300</td><td>346,400</td><td>889,700</td><td>1,586,400</td></tr>
<tr><td>私立</td><td>907,900</td><td>183,900</td><td>1,091,800</td><td>488,400</td><td>325,500</td><td>813,900</td><td>1,905,700</td></tr>
<tr><td>平均</td><td>653,900</td><td>155,700</td><td>809,600</td><td>602,900</td><td>329,600</td><td>932,500</td><td>1,742,100</td></tr>
<tr><td rowspan="4">博士课程</td><td>国立</td><td>455,500</td><td>256,900</td><td>712,400</td><td>848,000</td><td>442,000</td><td>1,290,000</td><td>2,002,400</td></tr>
<tr><td>公立</td><td>492,100</td><td>285,100</td><td>777,200</td><td>712,000</td><td>498,200</td><td>1,210,600</td><td>1,987,800</td></tr>
<tr><td>私立</td><td>671,100</td><td>317,800</td><td>988,900</td><td>727,300</td><td>492,700</td><td>1,220,000</td><td>2,208,900</td></tr>
<tr><td>平均</td><td>511,000</td><td>273,500</td><td>784,500</td><td>810,900</td><td>457,700</td><td>1,268,600</td><td>2,053,100</td></tr>
<tr><td rowspan="4">专门职业学位课程</td><td>国立</td><td>677,300</td><td>205,000</td><td>882,300</td><td>693,500</td><td>334,700</td><td>1,028,200</td><td>1,910,500</td></tr>
<tr><td>公立</td><td>619,900</td><td>217,300</td><td>837,200</td><td>466,400</td><td>353,700</td><td>820,100</td><td>1,657,300</td></tr>
<tr><td>私立</td><td>1,251,200</td><td>239,300</td><td>1,490,500</td><td>547,500</td><td>361,900</td><td>909,400</td><td>2,399,900</td></tr>
<tr><td>平均</td><td>1,050,100</td><td>227,700</td><td>1,277,800</td><td>591,800</td><td>352,900</td><td>944,700</td><td>2,222,500</td></tr>
</table>

話題 31　日本留学

一、聞く前に

訳文：

10万留学生计划与留学生数量激增（1983年～）

　　1983年中曾根内阁接受了《关于21世纪留学生政策的提议》以及第二年6月《关于21世纪留学生政策的展开》中"留学生10万人计划"的提议，并采取政策实现这一计划。虽然20世纪90年代后期曾一度停滞，但主要来自亚洲各国的留学生仍持续增长（2006年的数据从国籍来看，中国有74292人，占63%，韩国有15974人，占13.5%，以上两国约占全部留学生的80%）。2006年外国留学生总数为117927人，得到日本政府发放的奖学金的人数为9869人，约占10%。因此，绝大部分是自费留学生。

　　自费留学生中大部分人（84.4%）在打工，职业以餐饮业（55.0%）居多，其次是销售（16.5%）、外语老师（8.9%）。其中，留学生整体中存在学习成绩等素质较差、以留学为目的却无法取得学位证书、以及本来就以就业为目的假装留学进入日本、非法滞留等问题都有。自2003年末被报道出旧酒田短期大学的很多留学生为打工而移居首都圈，从事非法色情服务业一事以来，对留学生的社会不安有所提升。2007年6月，经营色情店的立命馆大学的中国女留学生因涉嫌违反入管难民法（助长非法劳务）而被逮捕。2007年1月，非法滞留者总数为170839人，其中因留学来到日本后到期没有回国的非法滞留者达到7448人（占4.4%）。

二、聞きましょう

原文：

日中韓の大学生が地域で交流

　日本と中国、それに韓国の3か国の大学生が長崎市で餅つきをして、地域の住民と交流しました。

　この催しは長崎市ダイヤランドの自治会と長崎ウエスレヤン大学が地域との交流や福祉の体験学習の一環として行ったもので、日本の大学生と中国や韓国の大学生およそ40人が参加しました。

　3か国の学生たちは自治会の人たちといっしょに餅つきを体験しました。学生たちは3人一組できねを持ち、「いち、に、さん」とかけ声をかけながら、

石臼の中の餅米をリズミカルについていきました。

「やっぱりきねが重くて、くっついて、こうやっぱリズム感覚が大事だと思いました。まだまだ、序盤ですけど、一生懸命楽しんで有意義な時間でしたと思います。」

このあと、学生たちは福祉の体験学習の一環として、地元の人たちといっしょに近所の1人暮らしのお年寄りを訪ねて餅を配ることにしています。

訳文：

中日韩大学生的地域交流活动

中、日、韩三国大学生与长崎当地居民交流，一起制作年糕。

这项活动是由长崎市钻石园自治会和卫斯理大学主办，作为地区交流和福利体验学习的一个环节，中日韩大学生共有大约40人参加。

三国的学生们和自治会的人共同制作年糕，学生们三人一组，一边喊着"1、2、3"的口号一边捶打着石臼里的糯米。

"锤子很重，还会和年糕粘在一起，我觉得节奏感很重要，虽然目前还是初级水平，但我觉得十分享受，这是一段有意义的时间。"

之后，作为福利体验学习的一环，学生们和当地人一起拜访了附近的独居老人，并把制作好的年糕赠送给他们。

問題1　A、B、C、Dの中から正しい答えを一つ選びなさい。
（1）A

問題2　文章の内容と合っているものに〇、ちがっているものに×をつけなさい。
（1）×
（2）〇

問題3　次の文を完成しなさい。
（1）地域との交流、福祉の体験学習、40人
（2）自治会の人たち、3人一組
（3）地元の人たち、1人暮らしのお年寄り

問題4　次の質問に答えなさい。
（1）3か国の大学生が長崎市で餅つきをして、地域の住民と交流しました。
（2）学生たちは福祉の体験学習の一環として、地元の人たちといっしょに近所の1人暮らしのお年寄りを訪ねました。

三、豆知識

訳文：

留学生 30 万人计划（2008 年～）

从各发达国家的外国留学生人数看，美国约 56 万人（2005 年）、英国约 36 万人（2005 年）、德国约 25 万人（2005 年）、法国约 27 万人（2006 年），远远超过了日本，所以，为扩大并支援留学生，文部科学省等提出《留学生 30 万人计划》，并于 2008 年 7 月制定了纲要。据此，施行了激发人们对到日本留学的兴趣、提供必要信息、改善考试、入学、入国限制，完善大学等教育机构和社会对留学生的接收体制、支持留学生毕业后在日本工作等广泛的政策，目标为 2020 年留学生招生人数增加到 30 万人。

为实现这一计划，文部省宣布：选定据点大学采取措施为海外学生创造适于留学的环境，由财政支持实施《国际化据点整备事业（全球化 30）》。决定对审查选中的东京大学、京都大学、早稻田大学、庆应义塾大学给予 5 年每年 2 亿-4 亿日元的资金支持。

話題 32　ボランティア

一、聞く前に

訳文：

所谓的学校支援志愿者是指：无论有无报酬，在各类型学校里承担志愿者活动的人。

1996 年，在关于"展望 21 世纪，完善日本教育"的中央教育审议会的第一次答辩中指出学校应该积极响应这个教育活动，通过获得家庭与社会的支援，加强地方的教育能力。由此提出"社会各界以及家长应作为学校志愿者共同合作的提议。虽然此前有人用"学校志愿者"来称呼这个群体，在 1998 年出现的文部省（当时）的教育改革计划中，改用"学校支援志愿者"来称呼这个群体。于是，学校支援志愿者被定义为：在学校教育活动中为提高地方教育能力，家长、社会个人、团体以及企业等以志愿者身份支援学校的活动。

学校支援志愿者的现状

学校支援志愿者的活动各有不同。每个地方都在尝试各自的活动内容，所以不断产生各式各样的活动。与此同时也产生了在全国都能看到有代表性的学校支

援志愿者活动。例如：为保障学生安全上下学而开展的安全监管活动（上下学志愿者、校卡、学校安全志愿者、巡逻志愿者等）、在实行一周五天工作制后而产生的周六辅导班、在休息时间与下课后利用图书室举行的读书活动、在集体的学习时间开展体验活动的讲师招聘等。

二、聞きましょう

原文：

ボランティアが間伐作業

　環境問題に関心がある全国の大学生ボランティアなどが新見市に集まり、高齢化や担い手不足で手入れが行き届いていない山林の間伐作業を行いました。

　この取り組みは高梁川流域の自治体や企業などで作る一般社団法人、「水辺のユニオン」が行ったもので、新見市神郷の山林には、早稲田大学や三重大学など全国の10の大学や専門学校から環境問題に関心のある22人の学生が集まりました。

　学生たちは、森林組合の職員とともに3つの班に分かれ、およそ4.5ヘクタールの山林で、間伐作業を始めました。

　今日は樹齢45年のスギやヒノキの間伐に取り組み、学生たちはチェンソーで木を切り倒したあと、枝を払って3メートルの長さに切りそろえていました。

　「こういう活動は若者がもっと積極的に参加するべきだなあとおもいました。」

　「こういう活動に学生が参加することで、やっぱり若い力がどれだけこの日本の山の現状というのを回りに知らせていくかというのもこれからすごい大事なことになってくると思います。」

　学生たちは今月19日まで間伐作業を続けながら環境問題について考えることにしています。

訳文：

修整树林志愿者

　关心环境的全国大学生志愿者来到新见市，对山林进行了整修，以解决由于高龄化、人手不足造成的山林欠整修的问题。

　这一活动是由高梁川流域自治体和一些企业组成的团体"水边工会"发起，早稻田大学、三重大学等10个大学和专科学校中关心环境问题的22人参加。

　学生们和森林工会的工作人员分成了3组，对4.5公顷的山林进行了整修。

　今天学生们对有45年树龄的杉树和柏树进行了修整，将砍掉的树枝截成3米。

　"我觉得应该有更多的年轻人来积极参加此项活动。"

"我觉得学生们来参加这种活动，借助年轻人的力量来告知他们周围的人们日本山林的现状，这一点将会越来越重要。"

此项活动会持续到本月 19 号，通过这次活动学生们会更加关注环境问题。

問題１　A、B、C、Dの中から正しい答えを一つ選びなさい。

（1）B

問題２　文章の内容と合っているものに○、ちがっているものに×をつけなさい。

（1）×

（2）○

（3）○

問題３　次の文を完成しなさい

（1）大学生ボランティア、高齢化、担い手不足

（2）早稲田大学、三重大学、22 人の学生

（3）森林組合の職員、4.5 ヘクタール

問題４　次の質問に答えなさい。

（1）早稲田大学や三重大学など全国の 10 の大学や専門学校から環境問題に関心のある 22 人の学生たちと森林組合の職員が参加しました。

（2）4.5 ヘクタールの山森で間伐作業をしました。

三、豆知識

訳文：

学校支援志愿者的问题

志愿者和教师的协作不足

志愿者与学校职员不一样，如果从志愿者所拥有的外部性是消除学校封闭性的关键这点来考虑的话，这种差异是重要的特征。但同时这种差异有时也会成为与学校合作的障碍。例如，在学校很多的信息都在职员会议上共享，不是职员的志愿者无法参与会议，也就不能共享这些信息，另外，因为学校保密义务的问题，志愿者不能共享的信息也不少，这就是教职员工和志愿者之间产生合作障碍的原因。

志愿者之间的协作不足

由于志愿者并不是每天都到学校，所以虽然是同一学校的志愿者，但不一定都见过面，也有可能互相不知道对方的存在。因此，志愿者之间共享信息的机会不多，可以说活动本身没有一贯性。学校自身虽然实现了志愿者的引入，却没有设置管理此事的协调者，这也成为问题的原因之一，所以相关制度的建立是有必要的。

赋予学分的学生活动

即使是时间比较充裕的学生，也很少有人能在维持生活和确保个人时间的基础上还能有时间来充当志愿者。在这之中，大学对志愿者实行学分认定，扩大了人才的范围。但同时，学生不以志愿者为目标，以学分为目标去参加学校支援活动，使得活动本身质量下降，也就是俗话说的"志愿者公害"问题。这在取得教师资格证的时候作为必修学分而组织的学校支援活动中也能窥探一二。

話題33　東京と大阪

一、聞く前に

訳文：

2012年，根据联合国的统计，东京被确立为世界上最大的"百万城市"，同时，和川崎、横滨等城市一起形成了拥有世界最大人口量的城市圈。以城市为单位的经济规模（GDP）中，东京也超越纽约成为了世界第一。2012年，美国智库发布的以商业、人才、文化、政治等为对象的世界城市综合排名中，东京紧随纽约、伦敦、巴黎，居世界第四。

大阪是日本近畿地区的地名。狭义上的大阪，即西日本最大的城市，指的是以大阪市为政府机关所在地的大阪府的地域名称。广义上的大阪，是以大阪市为中心的京阪神（畿内、大阪城市圈、关西圈）的笼统的总称。作为关西地区的经济文化中心，古时候写作"大坂"。大阪有着古都、副都的历史，现在的大阪也仅次于首都东京，在经济、文化、后援方面担当着重要角色。在以城市为单位的经济规模排名中名列世界第三，城市圈人口被评为世界排名十二的百万城市。以大阪市为中心的都市雇佣圈（10%通勤圈）包括奈良县、兵库县、京都县、和歌山县和三重县的区域，拥有约1212万人(2000年)，是日本第二大都市圈。大阪市的流入超额人口高达107万，白天人口达到366万，超过横滨市的白天人口。

二、聞きましょう

原文：

最も生活費かかる都市は東京と大阪

イギリスの調査機関は4日、世界の主な都市のうち、最も生活費がかかるのは東京と大阪で、長引くデフレの中でも諸外国に比べて生活費が高いとする調査結果をまとめました。

これは、イギリスの経済誌「エコノミスト」の調査機関が4日発表したもので、世界93か国の140都市を対象に、食料品や日用品など160品目の価格を調査し、生活費として指数化しています。

　それによりますと、世界で最も生活費がかかるのは東京で、ニューヨークを100とする指数で「152」、2位は大阪で「146」と、日本の都市が上位を占めました。主な要因は食パンなど一部の食料品やガソリンなどの価格が、ほかの都市に比べて割高だったためで、指数をまとめた調査機関では長引くデフレの中でも諸外国に比べて生活費が高いとしています。

　また、今回の調査では堅調な経済成長を続けてきたオーストラリアでも生活費の上昇が鮮明となり、シドニーが「137」で3位に、メルボルンが「136」で4位に入りました。

訳文：

消费最高的城市：东京和大阪

　　据英国调查机关的调查：日本虽然长期处于通货紧缩，但东京和大阪在世界主要城市中依然是消费最高的城市。

　　这是英国的经济杂志《经济学家》的调查机关4号公布的结果，他将全世界93个国家的140个城市的食品和日用品等160种商品价格数字化。

　　由此得出结论，东京是消费最高的城市，如果说纽约指数是100的话，东京为152，第二位是大阪，指数为146，日本城市居前列。主要是因为这两个城市食品和汽油的价格要比其他城市高，日本虽然长期处于通货紧缩，但东京和大阪的消费水平依然比其他城市高。

　　另外这次调查显示：经济不断发展的澳大利亚的生活水平也在显著提升，悉尼指数为137，居第三位，墨尔本指数为136，居第四位。

問題1　A、B、C、Dの中から正しい答えを一つ選びなさい。
　(1) B

問題2　文章の内容と合っているものに〇、ちがっているものに×をつけなさい。
　(1) ×
　(2) ×

問題3　次の文を完成しなさい。
　(1) 93か国、140都市、160品目
　(2) ニューヨーク、152、146
　(3) シドニー、3位、メルボルン、4位

問題 4 次の質問に答えなさい。

(1) 食パンなど一部の食料品やガソリンなどの価格が、ほかの都市に比べて割高だったためです。

(2) 世界の主な都市のうち、最も生活費がかかるのはどの都市であるかという調査をしました。

三、豆知識

訳文：

　　从历史上看，东京市区是以江户时代的江户城为中心形成的，但也有由东京府和东京市组成了东京都的说法。在《多级分散型国土形成促进法》里称之为"东京圈"，包含了东京市区的所有范围。

京都区部

　　东京都区部是指由东京都东部23个特别区构成的区域，由旧东京市15区的各个区部，后扩大成大东京35区，再经战后东京22区，形成了现在的东京23区。

　　即使是今天，在数据统计时，有时东京都区部也会被理解为"东京"一个城市。但是自从1943年7月1日废除东京市以后，东京都区部不存在一个整体管辖的地方自治体（有区长、区议会以及区政府等，各个区与市地位相同）。除此以外，东京都区部（总称：东京）被认为是东京都政府的所在地。

京阪神大都市圏

　　以大阪市、京都市和神户市作为中心城市的都市圈命名为京阪神大都市圈。京阪神大都市圈人口为1864万3915人（2000年国情调查），是三大都市圈或者说是七大都市圈之一，也算得上世界上屈指可数的大都市圈。

話題 34　東大寺

一、聞く前に

訳文：

　　东大寺，位于日本奈良县奈良市杂司町，也就是华严宗大本山之寺。现任主持（第220任）为北河原公敬。

　　东大寺也被称作金光明四天王护国寺，是在奈良时代（公元8世纪）由圣武天皇倾尽国力所修建而成的。卢舍那佛就是所说的奈良大佛的本尊，第一任主持为良弁僧正。

在奈良时代除了有作为中心堂宇的大佛殿（金堂）之外，其东西两侧各有一个包括七重塔（推测高度约为 70 米）在内的柱子。但在中世纪以后，众多的建筑曾两度在战乱中被烧毁，现存的大佛像的底座（莲华座）等一部分是当时所残留下的，而现存的大佛殿也是在江户时代，公元 18 世纪初期再建而成的。同始建时的佛堂相比，其房屋正门宽度缩小到了原来的三分之二。"大佛寺"从古至今受到人们广泛的尊崇，是对日本文化有着重大影响的寺院。圣武天皇在当时 60 多个领地中都建有分寺，并把"大佛寺"作为总寺。

二、聞きましょう

原文：

東大寺で仏生会

釈迦の誕生日とされる今日、奈良の東大寺では釈迦の像に甘茶を注いで祝う伝統行事「仏生会」が営まれ、多くの人が参拝に訪れています。

今日4月8日は仏教を開いた釈迦が生まれた日とされ、東大寺では誕生を祝う「仏生会」が営まれています。

大仏殿の入り口にはつばきの花や杉の葉で飾ったお堂が設けられ、僧侶が、生まれたばかりの釈迦の姿を表した仏像に甘茶を注いだあと、大仏の前でお経を唱えました。甘茶をかけるのは、釈迦が誕生したとき甘露の雨が降り注いだという言い伝えにちなんだものです。

奈良市の今朝の最低気温は平年より2度余り低い3度5分で、参拝者は甘茶をすすって体を温めていました。

「東北の復興と、亡くなられた方にご冥福を祈りました。」

この行事は午後3時ごろまで行われます。

訳文：

东大寺的浴佛节

今天是释迦牟尼的诞辰，奈良东大寺举行了向释迦牟尼像献茶的传统仪式，很多人慕名而来。

4月8号是佛教创始人释迦牟尼诞辰，在东大寺举行了浴佛会。

佛殿的入口摆满了山茶花和杉树叶，僧侣们向释迦牟尼像献茶并诵经。献茶据说源于释迦诞生当天降下甘露之雨的缘故。

奈良早晨的最低气温比往常低2度，大概是3.5摄氏度，参拜者喝着热茶渐渐暖合起来。

"为东北地区的复兴以及死去的亡灵祈福"。

此活动到下午3点结束。

問題1　A、B、C、Dの中から正しい答えを一つ選びなさい。

(1) B

問題2　文章の内容と合っているものに〇、ちがっているものに×をつけなさい。

(1) 〇
(2) ×
(3) ×

問題3　次の文を完成しなさい。

(1) 釈迦の誕生日、「仏生会」
(2) つばきの花、杉の葉
(3) 最低気温、3度5分

問題4　次の質問に答えなさい。

(1) 釈迦の像に甘茶を注いで祝う伝統行事「仏生会」が行われました。
(2) 甘茶をかけるのは、釈迦が誕生したとき甘露の雨が降り注いだという言い伝えにちなんだものです。

三、豆知識

訳文：

金堂（大佛殿）

　　日本国宝之一，堂中大佛以及大佛殿均由圣武天皇下令修建，在公元8世纪建成，但曾两次毁于战乱。现存大佛殿为江户时代所重修的。堂中大佛的底座、衣袖以及脚等部分是当时战火中所残留下来的，身体的大部分在中世纪所作，头部为江户时代所作。

大佛（卢舍那佛像）

　　其国宝名称为"铜制卢舍那佛坐像一尊（放置于金堂内）"，像高为14.7米。大佛为《华严经》中所说的卢舍那大佛。卢舍那大佛位于"莲华藏世界"（《华严经》中所述的世界观）的中心位置，是宇宙万物的象征。

二月堂

　　日本国宝之一。由在旧历二月份所举行的"取水"仪式而得名。二月堂在平重衡战乱以及三好・松永之战中被两度烧毁，又在宽文7年（公元1667年）中的"取水"仪式上因意外失火而再度遭到不幸。而在之后两年所重建的二月堂也就是现在的二月堂。堂中的主像为拥有十一面脸的二位大、小观音，两位观音像是无论任何人都不得看的，被当作绝对的秘密佛像。二月堂在之后的2005年12月被指定为日本国宝。

話題 35　中華街

一、聞く前に

訳文：

　　横滨中华街，位于神奈川横滨市中区山下街一带。1955 年以前也叫唐人街或南京街。其中的华侨虽以中国广东籍的居多，但中国各地人都有。譬如像上海路、中山路、福建路等以中国地名命名的交叉胡同，便是该地出身华侨的聚居地。里面所居住的中国人口总数超过了 6000 人，约占了同区登记的外国人口的四成。

　　作为日本最大，而且是东亚最大的中华街，横滨中华街在约 0.2 平方公里的地域中有超过 500 家的店铺，与神户南京街、长崎新地中华街并称为三大中华街。

　　从 1866 年的横滨新田慰留地开始算的话，横滨中华街至今已有将近 150 年的历史了。

二、聞きましょう

原文：

中華街直通運転祝うパレード

　一方、横浜を代表する観光地の一つ横浜中華街でも新たな観光客を呼びこもうと直通運転のスタートを祝うパレードが行われました。

　獅子の舞や、民族衣装を着た女性たちによる中国伝統の踊りなどが披露されました。

　「使ってみて、すごいあのう便利でよかったです。30 分以上もっと速くなりましたね。」

　「遠くからですね、こちらにお見えになるそういうきっかけをつくっていただいたのかな、ぜひ多くの方々きていただければと思います。」

訳文：

唐人街举行庆祝直通运行的游行活动

　　横滨著名的景点横滨唐人街为了吸引更多的游客举行了庆祝直通运行的游行活动。现场有狮子舞表演，还有穿着民族服装的女生们跳起了中国传统的舞蹈。

　　"坐车来非常方便，比以前缩短 30 分钟以上"

　　"举行这次庆祝活动是为了吸引更多的游客，希望以后能有更多的人来这里观光。"

問題１　Ａ、Ｂ、Ｃ、Ｄの中から正しい答えを一つ選びなさい。
　(1) Ａ

問題２　文章の内容と合っているものに〇、ちがっているものに×をつけなさい。
　(1) ×
　(2) 〇

問題３　次の文を完成しなさい。
　(1) 横浜中華街、パレード
　(2) 獅子の舞、中国伝統の踊り
　(3) お見えになるきっかけをつくって

問題４　次の質問に答えなさい。
　(1) 横浜中華街では、直通運転が始まったことを祝うパレードが行われました。
　(2) 獅子の舞、民族衣装を着た女性たちによる中国伝統の踊りなどが披露されました。

三、豆知識

訳文：

神户中华街

　　神户中华街与横滨中华街、长崎新地中华街并称为三大中华街，在东西长约200m，南北长约110m的范围中有一百多家的店铺。其中以卖点心、甜点、食材、纪念品的店居多，休息日的时候，吸引着大量当地人及游客。

　　南京街在过去，一般是中国人所聚集的街道的泛称。但是二战以后，这种情况发生了变化，现在已经成为神户中华街的专有代称。

　　南京街的正中央，作为十字路口的中央广场有中国式传统角楼，东为长安门，西为西安门，南称南楼门，北边连着元町商业街。

　　南京街商店虽然在早上十点就开始营业，但在十一点禁止车辆通行前，会有送货车辆经过，所以逛街的时候需要小心。

　　当夜幕降临的时候，长安门、角楼就会被灯光装点起来。

长崎新地中华街

　　长崎中华街南北长约250m的十字路在其姐妹都市福建省福州市的协助下铺着石板，有大约四十家中式料理店和杂货店彼此相连。中华街的四周立有中华门，街道用拱型的霓虹彩灯装饰。每到春节，都会在港口公园举行灯会。

　　在长崎新地中华街，虽然主干道上人流穿行，豪华大气的商铺很多，但在被称为里街的小巷，由于空间所限，只能被设计成入口毫不显眼，人流难以通过，只有数家小店的所在。

話題36　ごみ分別

一、聞く前に

訳文：
关于日本的垃圾分类
　　不同的地方，垃圾分类有所不同，但可以粗略地将日本的生活垃圾划分为以下几类：
　　①可燃垃圾是指厨房垃圾、庭院杂草、树枝、纸屑等。
　　②不可燃垃圾是指塑料制品、金属制品、玻璃和瓷器碎片等。
　　③资源垃圾是指书本、杂志、报纸等纸制品以及旧衣物等。
　　④大件垃圾是指不需要的冰箱、电视机以及家具等。
　　⑤电池与灯具，必须分别封入塑料袋后才能丢弃。
　　⑥医疗废弃物（注射器、药瓶）等须经特殊处理。

二、聞きましょう

原文：

園児がごみ分別学ぶ体験学習

　子どもたちにゴミや環境について関心を持ってもらおうと新庄村の保育所で体験学習が行われました。「ゴミスクール」と呼ばれる体験授業は、小さいうちから身近なゴミや環境への関心を持ってもらおうと行われたもので、新庄村保育所の1歳から6歳までの園児や保護者、およそ30人が参加しました。
　体験授業では、真庭北部クリーンセンターの職員2人が先生役になり、はじめに鉄やプラスチックなどゴミの分別のマークが描かれたパズルに取り組みました。
　このあと園児たちは、センターの職員に教えてもらいながら、分別されていないゴミを空き缶や牛乳パック、それにプラスチックなどを5つの種類に分けてゴミ箱に捨てる体験をしました。

訳文：

幼儿园儿童学习垃圾分类

　　新庄村的托儿所为了使孩子们爱护环境，举行了体验学习活动。在被称作"垃圾分类课"的体验课上，告诉孩子们应该从小爱护我们的环境，垃圾分类后才能

扔掉等，托儿所1至6岁的儿童和家长共30人参加了体验课。

　　在体验课上，真庭北部卫生中心的两名工作人员作为老师，首先通过图片讲解如何将铁、塑料等垃圾进行分类。

　　之后，孩子们在老师的讲解下，将空罐、牛奶盒、塑料等垃圾分成5类，分别丢到各自的垃圾箱里。

問題1　A、B、C、Dの中から正しい答えを一つ選びなさい。
　（1）A

問題2　文章の内容と合っているものに○、ちがっているものに×をつけなさい。
　（1）×
　（2）×
　（3）○

問題3　次の文を完成しなさい。
　（1）「ゴミスクール」、1歳から6歳まで、30人
　（2）職員2人、鉄やプラスチック
　（3）空き缶、牛乳パック、プラスチック

問題4　次の質問に答えなさい。
　（1）1歳から6歳までの園児は参加しました。
　（2）5種類

三、豆知識

訳文：

扔垃圾方法

　　日本对于垃圾处理有着非常严格的规定。比如，周二和周六丢可燃垃圾。周五丢不可燃垃圾。周六丢资源垃圾。大件垃圾不能随意扔掉，必须要给市级或者区级的清洁部门（环境保护中心）打电话，让他们来回收，并需要支付一定的费用。

　　特殊垃圾（会对环境造成污染的物品或是电池一类）的丢弃更加严格，一个月内只有1~2回回收。这项决定正是基于日本人对于"公民必须遵守国家规定"的责任感的体现。如果不遵守的话，即是违法且违背道德的行为。有时也有偷窃大件垃圾的人，一旦被发现，不仅要罚款，甚至还会被起诉。

話題 37　JR

一、聞く前に

訳文：

　　JR（日本铁路公司）是北海道旅客铁路、东日本旅客铁路、东海旅客铁路、西日本旅客铁路、四国旅客铁路、九州旅客铁路、日本货物铁路的法人总称。

　　是 1987 年 4 月 1 日从日本国有铁路公司中按照地域和领域分别继承的 12 个（之后数字由于合并发生变化）法人的总体，也指独立的各个法人。JR 是 Japan Railways 的开头字母。有许多解释认为国铁的英文缩写是 JNP（Japanese National Railways），把表示"国有"的 N 去除就成了 JR 了。但实际上，也曾讨论过用 NP（N 是日本的首字母）。

　　在强调总体的情况下，更多的是称呼日本铁路公司集团而非日本铁路公司。这个集团中各公司都拥有独立的法人权利，除了铁路总研（JR 总研）和 JR 系统外，不存在公司之间相互持有股份的关系以及代表集团持有各公司股份的公司。因为这样分散的集团体制，使得各个公司在经营方针和经营战略等方面有着较强的独立性，另一方面，也通过列车相互延伸路线、车票制度的共通化等一系列措施构筑大范围的协调、联合、合作体制。

二、聞きましょう

原文：

新幹線 320 キロ運転試乗会

　さて、東北新幹線の「はやぶさ」が、今月 16 日から、国内最高速度の時速 320 キロで営業運転を始めます。これを前に、今日、試乗会が行われました。

　おととし運転を始めた東北新幹線の新型車両「E5 系」、この車両を使う「はやぶさ」は、今月 16 日のダイヤ改正で、最高速度を、現在の時速 300 キロから 320 キロに上げます。今日は報道関係者の試乗会が行われました。

　「E5 系」が徐々に速度を上げます。

　「国内営業速度、最速の時速 320 キロに到達いたしました。」

　時速 320 キロでの運転が始まると、仙台東京間の所要時間は、最短で、現在の 1 時間 35 分より 5 分短縮されて、1 時間 30 分となります。時速 320 キロは国内最高速度であるだけでなく、現在営業運転中の列車としては、フランスの

「TGV」と並んで、世界で最も速いということです。
　「やはり、壁を作るのではなくてですね、360キロに向けて、いろいろなことを挑戦していきたい。」
　「ちなみに何ですが、仙台と東京の間に所要時間が今後ろに表示されているんですけれども、東北線が開通した明治22年にはおよそ12時間20分、それが東北新幹線が開業した昭和57年には大宮で在来線に乗り継いで乗車時間は2時間半ほど、そして、今回1時間半になったということで。」

訳文：

试乘时速320公里新干线

　　东北隼号新干线从本月16号开始提速到每小时320公里，今日进行了试乘。
　　前年东北新干线开始启用E5新型车辆，隼号新干线也是使用这种车辆，本月16号开始更改时刻表，最高时速将从300公里提高到320公里，今天举行了媒体记者的试乘会。
　　E5速度越来越快。
　　"现已达到国内最高时速320公里"。
　　时速提高到320公里后，仙台到东京的最短时间可以从原来的1小时35分钟缩短到现在的1小时30分钟，时速320公里并不只是国内的最高时速，目前和法国的"TGV"并列为世界最快。
　　"我们不设上限，会继续挑战时速360公里。"
　　"到目前为止仙台到东京所需时间表已经显示在我后面的屏幕上，明治22年东北线刚开通的时候大概需要12小时20分钟，昭和57年东北新干线开通时还需要在大宫换乘，大概需要两个半小时，现在是一个半小时。"

問題1　A、B、C、Dの中から正しい答えを一つ選びなさい。
　（1）B
問題2　文章の内容と合っているものに〇、ちがっているものに×をつけなさい。
　（1）×
　（2）×
　（3）×
問題3　次の文を完成しなさい。
　（1）東北新幹線、今月16日、試乗会
　（2）仙台東京間、1時間35分より
　（3）明治22年、12時間20分、昭和57年、2時間半

問題 4 次の質問に答えなさい。
(1) 今月 16 日からです。
(2) 300 キロから 320 キロに上げます。

三、豆知識

訳文：

民营化以来的状况

　　根据日本国有铁路改革法（1986 年 12 月 4 日法律第 88 号）（第 6 条第 2 项（旅客公司）、第 8 条第 2 项（货物公司））的规定，日本铁路公司集团于 1987 年 4 月 1 日成立。由旅客铁路股份公司和日本货物股份公司的相关法律（JR 公司法）规定运营等情况。同年 2 月 20 日决定以"JR"命名此公司。

　　日本铁路公司成立之初，从国铁过渡而来的日本国有铁路清算事业集团持有其全部股份。并且伴随着同行业集团的解散，1998 年 10 月 22 日以后日本铁路建设公司国铁清算部和 2003 年 10 月 1 日以后独立行政法人铁路建设、运输设施调整支援机构继承了股份。

　　2001 年 6 月 27 日，根据 JR 公司法的修订，除本州 3 家公司（JR 东日本、JR 东海、JR 西日本）以外，彻底实现了公司（非特殊公司）的民营化。另外，本州 3 家公司的股票也依次流向民间，东日本铁路公司、西日本铁路公司、东海铁路公司的全部股票分别于 2002 年 6 月、2004 年 3 月、2006 年 4 月卖完，3 家本州的上市公司实现了"完全民营化"。

　　并且，作为经营安定基金主要用途的给铁路建设、运输设备调整支配机构的高利息贷款实际上相当于扶助金。此外，JR 北海道因为 2002 年的 IT 泡沫导致股价急剧上涨，可是 2000 年的上市计划又由于股价的低迷而一直搁置着。目前，由于九州新干线（鹿儿岛路线）的开通，JR 九州的收益出现盈余，这将很有可能实现 JR 九州的上市目标。

話題 38　雪害

一、聞く前に

訳文：

关于雪灾

　　因为大雪而造成的灾害总称为雪灾。特别是短期内降大雪、暴雪时，积雪将

道路和线路覆盖，从而造成交通阻塞，变滑的路面极易发生摔倒等伤害。气温在0℃左右时，雪不仅容易附着在电车的架线上使得交通阻塞加剧，而且附着在电线上还会引起电力和通信的障碍。此外，0℃以下的低温条件下，被踩实的雪和路面冻结造成路面打滑的情况剧增。

连续降雪的情况下，住房屋顶积雪的不断增加而导致房屋压垮的事情也时有发生。因为积雪而发生倒塌的不仅是住房，所有有屋顶的建筑物都有可能发生。另外，在铲除屋顶积雪时跌落和在道路上除雪时发生事故等这种下雪时期特有的事故也会发生。冬天之外降雪还会造成塑料大棚的倒塌和对农作物造成伤害。

二、聞きましょう

原文：

雪に埋まった女性 携帯で通報

まず今日午前、弘前市で1人で家の除雪作業をした60代の女性が落ちてきた屋根雪に埋まり、身動きが取れなくなりましたが、無事救助されました。救助につながったのはポケットに入っていた携帯電話でみずから消防に通報したことでした。

今日午前11時20分ごろ、弘前市高屋の住宅で、1人で除雪作業をしていた60代の女性が突然落ちてきた屋根雪に埋まりました。

女性は大量の雪の下敷きになり、身動きが取れなくなりましたが、ズボンのポケットに入っていた携帯電話を取り出して、消防に通報することができ、およそ10分後、現場に駆けつけた消防によって無事救助されました。

女性は普通に会話が出来る状態で、けがなどもなかったということです。

女性によりますと、当時、小屋のひさしからせり出した厚さ60センチほどの屋根雪を地面に落とそうと、軒下に立ってシャベルで切り落とそうとしていたということです。

青森県内では昨日も五所川原市で、1人で屋根の雪下ろしをしていたと見られる77歳の女性が軒下で雪の中に埋まって、死亡しているのが見つかるなど、雪の事故が相次いでいて、この冬の死者は合わせて7人に上っています。

「今回はあのう、たまたまあのう本人が携帯電話を持ってたので、通報できましたけども、本来、携帯電話がなければなかなか発見されにくい。やっぱり今後作業する場合はですね、2人以上で作業するとか、もしくは必ず作業することを誰かに伝えてから作業する。そういうことに注意していただきたいと思います。」

訳文：
埋在雪中女性打手机求救

今天上午，弘前市一名60多岁的女性在家中除雪时被从屋顶落下的雪掩埋，无法活动，之后得救，平安无事。老人用口袋里的电话向消防队求救，得到了及时的救助。

今天上午11点20分，弘前市高屋的住宅里，一位60多岁的女性在家中除雪时突然掉入雪中，被雪掩埋。

老人被大量的雪压住无法活动，用裤子口袋里的电话向消防队求救，大约10分钟后，救援队赶到现场，顺利将老人救出。

老人可以正常说话，没有受伤。

据了解，老人站在小屋的屋檐下，想用铁锹将房顶伸出的60厘米厚的雪铲除。

昨天在青森县的五所川原市发现一名77岁女性在扫雪时，站在屋檐下被埋雪中死亡。最近事故频发，今年冬天的死者已经达到7人。

"这次是本人带着电话，及时通报才得救，如果没带电话的话，掉入雪中后很难被发现。希望今后在除雪的时候最好是2人以上，如果必须一人进行除雪时，也最好通知别人后再除雪，希望大家一定多加小心。"

問題1　A、B、C、Dの中から正しい答えを一つ選びなさい。
(1) A

問題2　文章の内容と合っているものに○、ちがっているものに×をつけなさい。
(1) ×
(2) ○
(3) ×

問題3　次の文を完成しなさい。
(1) 除雪作業、ポケットに入っていた携帯電話
(2) 小屋のひさし、軒下に立って
(3) 昨日、77歳の女性、7人に上っています

問題4　次の質問に答えなさい。
(1) 女性は当時、小屋のひさしからせり出した厚さ60センチほどの屋根雪を地面に落とそうと、軒下に立ってシャベルで切り落とそうとして、ゆきにうまったということです。
(2) 消防では「除雪の際は2人以上で作業してほしい」と注意を呼びかけています。

三、豆知識

訳文：

雪灾事故已造成 55 人死亡

今年冬天，因在屋顶铲雪跌落等原因造成的死亡人数在这周内增加了 12 人，全国已达到 55 人。总务省消防厅呼吁，必须在确保足够安全的情况下再进行除雪工作。

据总务省消防厅统计，今年冬天，除交通事故和山地遇难以外，因雪造成事故的死亡人数，加上本月 27 日在福岛县喜多方市，被发现的在各自家附近的房顶上滑落下来，被雪掩埋而导致死亡的男女各一名，在本周增加了 12 人，11 个道和县总计死亡人数达到 55 人。

不同地区死亡人数如下：死者中北海道人数最多，为 18 人，其次是秋田县 12 人，青森县 7 人，山形县 5 人，福岛县 4 人等。

从死亡原因上看，因在屋顶铲雪跌落或被除雪车卷入等遇难的有 46 人，被从屋顶落下的积雪压死的有 5 人，因雪崩遇难的有 1 人等。

另外，死者中有四分之三是 65 岁以上的老人。

总务省消防厅呼吁，"在高处除雪时，一定要采取系保险绳、戴安全帽、穿防滑鞋等安全措施。"

話題 39　インフルエンザ

一、聞く前に

訳文：

流行性感冒是流行性感冒病毒引起的一种急性感染流行感冒，简称流感。发病时伴随着发高烧等感冒症状。甚至会由于急性脑病、二次感染导致死亡。

症状：

与感冒（普通感冒）不同，特征是较快出现发冷、发烧、头痛、全身无力、肌肉酸痛，还伴有咽喉痛、流鼻涕、鼻塞、咳嗽、有痰等气管炎的病症，也有出现腹痛、呕吐、腹泻等肠胃病症状的情况。

作为合并症会出现肺炎和流行性感冒脑病。

流行病学：

传染的途径主要由因咳嗽飞溅的飞沫传染。一般经由口、鼻传染呼吸系统。

有飞沫（空气）传染、接触传染等不同的形式。在预防方面，有症状的患者戴口罩可以有效地防止飞沫的传染，但口罩的形状和功能性不同，有时也不能保证完全可以防止传染。由于口罩不能完全防止飞沫与接触传染，所以勤洗手也是很重要的。

潜伏期通常为 1-2 天，最多为 7 天。

患者将病毒传染给其他人的时间为在病发前一日开始到病情好转后 2 天为止。所以应在病情好转 2 天之后，再上学、上班。

二、聞きましょう

原文：

インフルエンザ患者　推計で 214 万

インフルエンザの流行が全国でさらに拡大し、先月 27 日までの 1 週間に医療機関を受診した患者は去年のピーク時を上回る 214 万人に上ったとみられることが分かりました。

国立感染症研究所が、都道府県からの報告を基に推計したところ、先月 27 日までの 1 週間に各地の医療機関を受診したインフルエンザの患者は、前の週よりも 74 万人増え、全国で 214 万人に上ったとみられることが分かりました。

これは去年のピーク時の 211 万人を上回り、平成 21 年に当時の新型インフルエンザの流行をきっかけに、週ごとの推計患者数の公表が始まってから最も多くなりました。

年齢別では、5 歳から 9 歳が 35 万人と最も多く、次いで 10 歳から 14 歳が 30 万人、30 代が 26 万人などとなっていて、小学校や中学校での流行に加え、その親に当たる世代でも感染が広がっています。

流行状況を示す 1 つの医療機関当たりの患者の数は 36.44 人で、新潟県が 53.81 人、千葉県が 53.22 人、長崎県が 50.91 人などすべての都道府県で前の週を上回りました。

「インフルエンザというと、まず飛まつ感染、誰が感染するか分からないから、マスクをしていただきたい、流水、石鹸による手洗いや接触感染対策として、しっかりと行っていただきたい。」

訳文：

流感病人预计有 214 万人

流感继续在全国蔓延，到上个月 27 号为止一周时间到医院就医的流感患者已经达到 214 万人，超过了去年的最高峰。

国立感染病研究所根据各城市上报的数据推算，到上个月 27 号为止一周时

间到各地医院就医的流感患者比前一周增长 74 万人，全国已经达到 214 万人。

平成 21 年禽流感大流行，研究所开始每周公布患者数量，去年最多时为 211 万，今年患者已经超过了去年，为往年最高。

从年龄来看，5 岁到 9 岁的患者最多，达到 35 万人，其次是 10 到 14 岁的是 30 万人，30 多岁的患者是 26 万人等，此病在小学和中学流行，与他们父母年龄段相仿的患者也越来越多。

显示流行程度的每个医院的患者平均为 36.44 人，其中新潟县为 53.81 人、千叶县为 53.22 人、长崎县是 50.91 人，所有县市的患者比上周都有所增加。

"流感主要是通过飞沫传染，无法知道谁会传染，所以最好戴口罩，一定要用流水、肥皂洗手，这是预防接触流感的方法，务必要做到。"

問題 1　A、B、C、D の中から正しい答えを一つ選びなさい。
　（1）B
問題 2　文章の内容と合っているものに〇、ちがっているものに×をつけなさい。
　（1）〇
　（2）×
　（3）〇
問題 3　次の文を完成しなさい。
　（1）先月 27 日、214 万人
　（2）36.44 人、53.81 人
問題 4　次の質問に答えなさい。
　（1）211 万人でした。
　（2）マスクをして、流水、石鹸による手洗いです。

三、豆知識

訳文：

什么是麻疹

「はしか」的汉字写为麻疹（以前的读音是「ましん」）

麻疹是由麻疹病毒引起的传染病，潜伏期在 10 天左右，发病时咳嗽、高烧近 40 度。然后口腔、脸部开始出现湿疹，扩散至全身。高烧和口腔及面部的湿疹导致水分摄取困难，从而导致体力急速下降。严重的话会有肺炎、中耳炎并发症，极少数也会引起脑炎。

另外，还有一个特征就是传染性强，传染源是打喷嚏和咳嗽。另外，会被眼睛看不到的飞沫直接传染，飞沫蒸发至空气中也会导致空气传染，增加了其传染性。

話題 40　花粉症

一、聞く前に

訳文：

关于花粉症

　　伴随花粉扩散期的到来，人们会出现眼睛发痒、充血、流泪、打喷嚏、流鼻涕、鼻塞等眼、鼻过敏症状。具有季节性发病特征，所以也被称作季节性鼻炎，在欧美也被叫作枯草热。由于花粉而出现的哮喘并不属于花粉症，而叫作花粉哮喘。伴随有花粉哮喘的时候，叫作哮喘合并花粉症。

　　风媒花粉是花粉传播的主要原因，在日本主要有春季的杉树、扁柏、白桦等，秋季的猪草、艾蒿、葎草等，其他还有从春到秋的鸡脚草、细麦、梯木草、早熟禾草等禾本科植物。尤其是杉树的花粉从2月上旬开始飞散，到4月上旬达到高潮。其抗体强，花粉扩散量也很多，因此近年来患者在逐年增加。

二、聞きましょう

原文：

スギ花粉　来月上旬から飛散か

　今年、スギの花粉が飛び始める時期は、全国的に例年よりも3日前後遅くなり、最も早いところでは来月上旬ごろと予測されています。

　環境省が今日、発表した予測によりますと、ことしスギの花粉が飛び始める時期は今後、気温の低い日が続くとみられることから、全国的に例年より3日前後遅くなる見込みだということです。

　最も早いのが中国の一部で来月上旬ごろ、九州、四国のほぼ全域、中国と近畿のそれぞれ南部、それに東海と関東南部などで来月中旬ごろ、中国と近畿のそれぞれ北部、北陸、関東北部などで来月下旬ごろ、甲信越と東北南部の一部などで3月上旬ごろ、東北中部から北海道にかけて3月中旬以降と予想されます。

　また、スギやヒノキの花粉の飛ぶ量がピークとなる時期は、九州、中国、四国、東海、関東南部などで3月上旬から中旬ごろ、関東北部などで3月中旬ごろ、近畿、北陸などで3月下旬から4月上旬ごろ、東北で4月上旬から中旬ごろとなる見込みです。

花粉の飛ぶ量は、九州や四国を除いて、全国的に去年よりも多くなる見通しで、環境省は「気象条件によって、予測が変わることもあり、花粉の最新情報に注意し、早めの対策を心がけてほしい」と呼びかけています。

訳文：

下月上旬杉树花粉或开始飞散

今年全国杉树花粉飞散时间比往年晚3天左右，预计最早从下月上旬开始。

环境省今天发布预告，由于最近持续低温，推测今年花粉飞散时间将比往年晚3天左右。

最早是中国地区的一部分地区，从下个月上旬开始；九州和四国几乎所有地区、中国地区南部、近畿地区南部、东海和关东地区南部从下个月中旬开始；中国地区北部、近畿地区北部、北陆和关东地区北部从下个月下旬开始；甲信越、东北地区南部的一部分地区从3月上旬左右开始；从东北地区中部到北海道从3月中旬以后开始。

另外，杉树、柏树花粉量最多的时间预计为：九州、中国地区、四国、东海、关东南部等是3月上旬到中旬左右；关东北部等3月中旬左右；近畿、北陆等地是从3月下旬到4月上旬左右；东北地区是从4月上旬到中旬。

花粉量预计除了九州和四国外，其他地区都比往年多，环境省提醒：根据天气变化，花粉飞散情况也会随之改变，请大家关注最新花粉预报，提前做好准备。

問題1　A、B、C、Dの中から正しい答えを一つ選びなさい。

(1) B

問題2　文章の内容と合っているものに○、ちがっているものに×をつけなさい。

(1) ×

(2) ×

(3) ○

問題3　次の文を完成しなさい。

(1) 3日前後遅く、来月上旬ごろ

(2) 中国の一部、来月上旬

(3) 九州や四国、去年よりも多く

問題4　次の質問に答えなさい。

(1) 気温の低い日が続くとみられることからです。

(2) 三月中旬ごろです。

三、豆知識

訳文：

花粉症的预防：生活上要注意的六点

1. 尽量避免外出。
2. 戴口罩、眼镜、帽子、围巾等远离花粉。
3. 不要让花粉进入家中。
4. 尽量少吃快餐、加工食品，保持膳食平衡。
5. 控制烟、酒、刺激性强的香辛料等的摄入。
6. 用心呵护皮肤、消除疲劳。

南开大学出版社网址：http://www.nkup.com.cn

投稿电话及邮箱： 022-23504636　　QQ：1760493289
　　　　　　　　　　　　　　　　　QQ：2046170045(对外合作)
邮购部：　　　　022-23507092
发行部：　　　　022-23508339　　Fax：022-23508542

南开教育云：http://www.nkcloud.org

App：南开书店 app

　　南开教育云由南开大学出版社、国家数字出版基地、天津市多媒体教育技术研究会共同开发，主要包括数字出版、数字书店、数字图书馆、数字课堂及数字虚拟校园等内容平台。数字书店提供图书、电子音像产品的在线销售；虚拟校园提供 360 校园实景；数字课堂提供网络多媒体课程及课件、远程双向互动教室和网络会议系统。在线购书可免费使用学习平台，视频教室等扩展功能。